2학년 1학기

미리 보는
초등 국어
교과서

미리 보는 2학년 1학기
초등 국어 교과서

초판 1쇄 | 2016년 12월 26일

엮은이 | 이현
그린이 | 김복화
펴낸이 | 조영진
디자인 | 인디나인

펴낸곳 | 고래가숨쉬는도서관
출판등록 | 제 406-2012-000082호
주소 | 경기도 파주시 회동길 329 (서패동) 2층
전화 | 031-955-9680~1 팩스 | 031-955-9682
홈페이지 | www.goraebook.com
이메일 | goraebook@naver.com
글 ⓒ 이현 2016 | 그림 ⓒ 김복화 2016

ISBN 979-11-87427-15-5 64700
ISBN 979-11-87427-13-1 64700(세트)

품명 도서 | **전화번호** 031-955-9680 | **제조년월** 2016년 12월
제조국명 대한민국 | **제조자명** 고래가숨쉬는도서관
주소 경기도 파주시 회동길 329 2층 | **사용 연령** 8세 이상

＊KC마크는 이 제품이 공통안전기준에 적합하였음을 의미합니다.

2학년 1학기

미리 보는
초등 국어
교과서

엮은이 **이현** | 그린이 **김복화**

고래가
숨 쉬는
도서관

미리 보는 초등 국어 교과서를 읽기 전에

우리는 왜 국어 공부를 해야 될까요? 한국인으로서 소통하고, 사고하는 데 큰 역할을 하는 것이 국어입니다. 국어는 우리의 말과 글, 우리 문화를 배우는 중요한 과목입니다. 또한 국어는 내 생각과 다른 사람의 생각을 표현하는 데 가장 편리하고 효과적인 수단입니다. 그리고 다른 과목을 공부하는 데 도움을 주는 과목이기도 합니다.

학교에서 국어를 배우게 된 어린이들은 국어가 시시하다고 생각하기도 합니다. 하지만 어떤 어린이들은 어렵다고 생각하기도 합니다. 그렇다면 국어 공부가 어렵다고 생각하는 친구들은 어떻게 공부해야 할까요? 아마 교과서에 있는 내용을 미리 접해 볼 수 있다면 학교 공부에 대해 자신감을 가질 수 있을 것입니다.

사람의 말은 서로 표현하고 대화하려는 노력 속에서 생겨났습니다. 그런데 말로 하다 보니 약속된 상징, 도구의 필요성이 생겨서 글이 만들어졌답니다. 세종대왕이 나라를 다스리기 전까지 우리나라 사람들은 중국의 한자를 썼습니다. 그런데 쓰는 글이 너무 많고 어려워서 공부를 많이 한 분들도 다 이해하지 못했답니다. 그래서 세종대왕이 사람의 입 모양을 살펴보고 사람들이 살아가는 원리를 적용한 쉽고 과학적인 글자를 만들었습니다. 그것이 우리의 글인 한글입니다.

이렇게 오랜 역사를 가진 한글을 바탕으로 한 국어 공부를 시작하기 전에 국어에 대한 관심과 자신감을 얻을 수 있는 방법은 없을까요? 이런 어린이들의 마음을 살펴 만든 것이 바로 『미리 보는 초등 국어 교과서』입니다.

이 책은 2017년 새 국어 교과서의 내용을 충실히 반영하였습니다. 국어 교과서는 학기별로 『국어』 2권, 『국어 활동』 1권으로 구성되어 있습니다. 이 책은 『국어』 가 권, 나 권, 그리고 보조 교과서인 『국어 활동』의 내용을 한 권에 모두 담았습니다. 학습 현장에서 공부하는 교과서의 구성에 따라 만들었으므로 교과서의 흐름을 미리 살펴볼 수 있습니다.

　『미리 보는 초등 국어 교과서』에는 국어 교과서에 있는 흥미로운 이야기와 언어 사용 영역(듣기·말하기·읽기·쓰기) 그리고 현직 초등학교 선생님이 들려주는 도움말과 친근한 그림들이 담겨 있습니다. 어린이들이 이해하기 쉬운 말과 그림으로 구성되어 있어 읽는 내내 즐겁고, 머릿속에도 쏙쏙 들어옵니다. 재미있게 읽어 나가고, 흥미로운 질문과 놀이 활동에 대답을 하다 보면 자신도 모르게 국어 실력이 쑥쑥 자라는 것을 느낄 수 있을 것입니다.

　이 책은 교과서 집필과 검토에 참여한 현직 초등학교 교사들이 직접 쓴 책입니다. 교과서의 내용을 충실히 따르면서 학생들이 국어 과목에 관심과 흥미를 느낄 수 있도록 연구하며 이 책을 썼습니다. 『미리 보는 초등 국어 교과서』를 통해 여러분이 국어에 대해 새로운 깨달음을 얻고 국어 과목이 가진 재미를 깨닫기를 기대합니다.

김희진, 이현

차 례

이 책의 특징

- 2017년 개정 교과서의 내용을 충실히 반영하였습니다.
- 학교 현장에서 공부하는 교과서의 구성에 따라 만들었습니다.
- 교과서의 구성에 맞게 교과서의 흐름을 미리 살펴볼 수 있도록 하였습니다.
- 캐릭터들이 학습 도우미로 나와 공부하면서 궁금한 점을 같이 해결할 수 있습니다.
- 학생들이 자기 스스로 학습 활동을 해 보며 자기 주도 학습이 가능하도록 구성하였습니다.

이 책의 구성과 활용

준비하기

단원 학습을 위한 준비 활동을 하고 학습 계획을 세웁니다.

기본 학습

단원에서 배워야 할 내용을 익히고 연습합니다.

실천 학습

단원에서 배운 내용을 새로운 상황에 적용하고, 단원 학습 내용을 정리합니다.

국어 활동

국어 수업 시간에 활용하거나 집에서 공부할 때 활용할 수 있습니다.

정리하기

단원 전체 학습에 대해 정리하고 생활 속에서 실천할 수 있는 방안을 생각해 봅니다.

학습 도우미

공부하면서 궁금한 점이 생기면 선생님, 염소, 강아지 친구, 토끼 친구들의 이야기를 잘 들으며 공부할 내용을 점검하고 도움을 받을 수 있습니다. 또한 친근하게 공부를 할 수 있어 학생들의 흥미와 재미를 유발하게 합니다.

학습 목표   인물의 마음을 상상하며 시를 읽어 보세요.

배울 거리   시를 여러 가지 방법으로 읽기

🌸 **이렇게 배워요**

'봄' 하면 무엇이 생각나나요? 봄을 상상하며 「봄」을 읽어 보세요.

🌸 **선생님과 함께 미리 보는 국어책**

봄

윤동주

우리 아기는
아래 발치에서 코올코올,

고양이는
부뚜막에서 가릉가릉,

아기 바람이
나뭇가지에서 소올소올,

아저씨 해님이
하늘 한가운데서 째앵째앵.

시를 읽으면 어떤 장면이 떠오르나요?
봄을 떠올릴 때 생각나는 것들에 대해
이야기해 보세요.

이렇게 배워요

시를 여러 가지 방법으로 읽을 수 있어요. 시와 관련된 경험을 떠올리며 읽을 수 있고 친구와 주고받으며 시를 읽을 수도 있어요. 손뼉을 치거나 발을 구르며 시를 읽어도 새로운 경험일 거예요.

 선생님과 함께 미리 보는 국어책

 알고 있는 시 중에서 어떤 시가 가장 기억에 남나요?

시는 큰 소리로 읽을 수 있지만 짝이나 친구들과 함께 여러 가지 방법으로 재미있게 읽을 수 있답니다.

 어떻게 읽어야 재미있게 읽을 수 있나요?

 두 사람이 주고받으며 시를 읽을 수도 있지요. 손뼉을 치거나 발을 구르며 읽을 수도 있고. 떠오르는 장면을 행동으로 표현하면서 읽어 볼 수도 있어요.

 선생님! 손뼉은 어떤 부분에서 치면 좋은지 궁금해요.

 시에서 줄이 바뀔 때 쳐 보기도 하고, 재미있는 말이 똑같이 나올 때 쳐 보는 것도 좋아요.

 친구와 같이 시에 나온 장면을 연극처럼 해 보는 것도 재미있을 것 같아요.

 네 맞아요. 떠오르는 장면을 행동으로 표현하며 읽을 수도 있어요. 시에 나오는 행동을 해 보거나 시에 나오는 상황에 어울리는 표정을 지어 볼 수도 있어요. 지금까지 생각해 본 여러 가지 방법으로 시를 표현해 보면서 읽어 보세요.

시를 여러 가지 방법으로 읽은 뒤에 시에 대한 생각이나 느낌을 이야기해 보세요. 그리고 시를 읽을 때는 인물의 마음을 상상하며 시를 읽어야 해요. 그래야 이해가 잘될 거예요.

배울 거리   시 속 인물의 마음 상상하기

🌼 이렇게 읽어요

아버지께서 피곤하셔서 코를 골고 주무시는 모습을 본 적이 있나요? 이 시는 아버지가 양말을 벗고 푹 주무시기를 바라는 아이의 마음을 담은 시입니다. 이 시에 나오는 재미있는 장면을 몸으로 표현하면서 읽어 보세요.

🌼 선생님과 함께 미리 보는 국어책

잠자는 사자

으르릉 드르렁
드르르르 푸우–

아버지 콧속에서
사자 한 마리
울부짖고 있다.

생쥐처럼 살금살금
양말을 벗겨 드렸다.

김은영. 『아니, 방귀 뽕나무』, (주)사계절출판사, 2012.

「잠자는 사자」를 읽고 물음에 답해 보세요.

 시 속 인물은 아버지를 무엇이라고 표현했나요?

 시 속 인물이 무엇을 하고 있는지 말해 보세요.

 「잠자는 사자」에 나타난 표현을 보고 인물의 마음을 생각해 보세요.

 아버지의 콧속에 사자 한 마리가 있다고 한 까닭은 무엇인가요?

 아이가 생쥐처럼 살금살금 아버지의 양말을 벗겨 드린 까닭은 무엇인가요?

 경험은 자신이 한 일, 본 일, 들은 일을 말해요.

「잠자는 사자」의 장면을 몸짓으로 표현해 보세요.

으르렁 드르렁

생쥐처럼
살금살금

 「잠자는 사자」에 나오는 아이의 마음이 어떨지 말해 보세요.

피곤한 아버지께서 편안히 주무시기를
바라는 아이의 마음이 느껴져요.

가족을 위하는 마음을 가지고 있는 것 같아요.

이렇게 읽어요

친구들과 숨바꼭질해 본 적 있지요? 이 시는 친구들이 찾을까 봐 조마조마하는 마음과 숨은 친구들을 찾으려는 마음을 표현한 시입니다. 술래의 마음과 숨어 있는 친구의 마음을 생각해 보면서 이 시를 읽어 보세요.

 선생님과 함께 미리 보는 국어책

숨바꼭질하며

꼭꼭 숨어라 머리카락 보일라 옷자락이 보일라

꼭꼭 숨어라 발뒤꿈치 보일라 치맛자락 보일라

꼭꼭 숨어라 장독 뒤에 숨어라 대문 뒤에 숨어라

앉아서도 보이고 서서도 보인다 꼭꼭 숨어라

찾아보자 찾아보자 어디 숨었나 어디 숨었나

요 숨었네 찾았다

편해문 엮음, 『동무동무 씨동무』, (주)창비, 2011.

「숨바꼭질하며」를 읽고 물음에 답해 보세요.

 술래가 되어 친구를 찾을 때 친구가 보이지 않는다면 어떤 마음일까요?

술어 있는 친구의 마음은 어떤 마음일까요?

숨어 있는 친구의 모습으로 알맞은 그림에 O표를 해 보세요.

술래의 모습을 떠올려 보고 표정이 어떻게 바뀌었을지 그려 보세요.

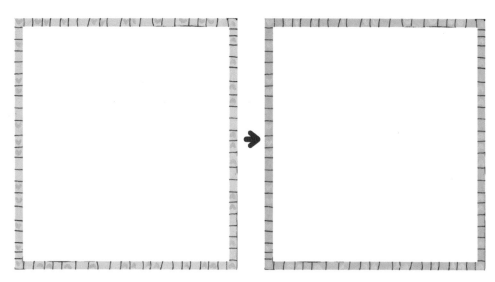

 시를 읽는 방법은 여러 가지야.
1. 장면을 떠올리며 시 읽기
2. 시의 내용과 비슷한 경험 떠올리며 읽기
3. 시 속 인물의 마음을 상상하며 읽기

 좋아하는 시를 적어 보세요

시를 읽어 본 경험에 대해 이야기해 보세요.

1학년 때 배운 시를
기억하고 있어.

복도에 전시된
시 한 편을 읽었어.

도서관에서
동시집을 읽었어.

 친구들 앞에서 낭송하고 싶은 시를 정해 보세요.

낭송하고 싶은
시의 제목

되돌아보기 시 속 인물의 마음을 짐작하며 시를 읽을 수 있는지 생각해 보기

이렇게 배워요

1단원에서는 시를 읽는 즐거움을 경험하고 시 속 인물의 마음을 상상하며 좋아하는 시를 친구들 앞에서 낭송해 보는 것을 배웠어요. 시를 다양한 방법으로 배워 보세요.

시 속 인물의 마음을 짐작하며 시를 읽을 수 있는지 생각해 보세요.

장면을 떠올리며 시를 읽을 수 있다. ○○○

좋아하는 방법으로 시를 읽을 수 있다. ○○○

친구들이 낭송한 시를 듣고 시 속 인물의 마음을 상상할 수 있다. ○○○

매우 잘함 : ●●●, 잘함 : ●●, 보통임 : ●

주변에 시가 전시되어 있으면 소리 내어 읽어 보도록 하자.

마음에 드는 시를 찾아 친구에게 소개도 해 보자.

학습 목표　여러 사람 앞에서 자신 있게 말해 보세요.

배울 거리　다른 사람 앞에서 말한 경험 떠올리기

 이렇게 읽어요

여러분은 교실에서 친구들과 선생님 앞에서 발표하기 전 긴장되고 떨린 적이 있었나요? 민아는 발표를 자신 없어 하는 친구랍니다. 다른 사람 앞에 자신 있게 말하려면 어떻게 말해야 하는지 생각하며 이 글을 읽어 보세요.

 선생님과 함께 미리 보는 국어책

발표하는 날

민아가 학교에 가려고 집을 나섰는데, 대문 앞에서 머뭇거리네요.

매일매일 학교에 일찍 가서 친구들과 공기놀이를 했던 민아가 오늘따라 이상하군요.

오늘 국어 시간에는 가족을 소개해야 합니다.

드디어 민아 차례가 돌아왔어요.

민아는 발표만 하려고 하면 배도 아프고

손도 떨리고 목소리도 떨려요.

땀이 나기도 하고 가슴이 울렁울렁거려요.

민아네 가족은 대가족이에요.

할머니, 할아버지, 엄마, 아빠, 고모와 삼촌, 그리고 동생과 강아지 예솔이, 이 모두가 민아네 가족이랍니다.

'그냥 가족이 없다고 말할까. 아니면 고모랑 삼촌, 예솔이는 빼고 말할까? 앙, 어떻게 해?'

민아의 고민, 어떻게 하면 좋을까요?

배울 거리   바른 자세로 자신 있게 말하기

 이렇게 읽어요

발표를 하려면 어떻게 해야 할까요? 바른 자세로 하려고 하는 이야기를 알맞은 크기로 또박또박 이야기하는 것에 대해 알아보아요.

🌼 다음 그림을 보고 남자아이가 어떻게 발표하는지 이야기해 보세요.

 그림과 알맞은 바른 자세로 말하는 방법을 선으로 이어 보세요.

말할 내용을 미리
생각하고 말합니다.

알맞은 크기의 목소리로
또박또박 말합니다.

듣는 사람을 바라보며
바른 자세로 말합니다.

친구들 앞에서 나를 소개할 내용을 정리해 보세요.

보기	이름	유지은입니다.
	잘하거나 좋아하는 것	피아노를 잘 칩니다.
	친구들에게 하고 싶은 말	친하고 지내고 싶습니다.

이름	
잘하거나 좋아하는 것	
친구들에게 하고 싶은 말	

거울을 보며 자신 있게
말하는 연습을 해도 좋아요.

또박또박 큰 소리로 말해요.

앞에서 정리한 내용을 바탕으로 친구들 앞에서 바른 자세로 자신 있게 말해 보세요.

저는 노래 부르기를 좋아합니다.

친구가 발표할 때는 친구를
바라보며 주의 깊게 들어요.

 친구의 발표를 잘 듣고 잘한 점을 칭찬해 보세요.

칭찬할 점	친구 이름
목소리의 크기를 알맞게 해 또박또박 말했다.	
듣는 사람을 바라보며 바른 자세로 말했다.	

바른 자세로 자신 있게 말하는 모습을 찾아 ○표를 해 보세요.

이번 여름에는 산으로
여행을 갈 거예요.

넓은 바다는 어때요?

아빠, 저는 놀이공원에 가고 싶어요. ☐

나는 놀이공원을 가고 싶은데……. ☐

저는 불을 끄는 소방관이 되고 싶습니다. ☐

저는 아이들을 가르치는……. ☐

교실에서 발표할 때의 모습을 생각해 보고, 자신 있게 말하는 방법을 써 보세요.

 거울을 보며 알맞은 목소리로
분명하게 말하는 연습을 해 보세요.

배울 거리 글을 읽고 떠오르는 생각을 자신 있게 말하기

이렇게 읽어요

차를 타고 가다 보면 도로 위에 다리가 있는 것을 본 적이 있나요? 강이나 도로에 동물들이 위험에 빠지지 않고 다니도록 만든 길을 생태 통로라고 합니다. 위험에 빠진 동물들을 구할 수 있는 방법을 생각하며
글을 읽어 보세요.

선생님과 함께 미리 보는 국어책

동물 마을에서 생긴 일

평화롭던 동물 마을에 큰 소동이 벌어졌어요. 숲 한가운데에 넓은 찻길이 생긴 거예요. 그 바람에 마을 밖으로 나가는 길이 끊겨 버렸어요. 쌩쌩 달리는 자동차가 무서워서 찻길을 건널 수가 없었거든요. 무리하게 길을 건너려다가 크게 다치거나 죽는 동물들도 생겨났어요. 동물들은 모두 걱정이 커졌어요.

고라니가 한숨을 푹 쉬며 말했어요.

"큰일이야. 이래서는 먹이를 구하러 갈 수가 없어."

그러자 들고양이도 훌쩍이며 말했어요.

"나는 헤어진 가족을 만나고 싶어."

두꺼비가 부럽다는 눈초리로 종달새를 바라보며 말했어요.

"새들은 좋겠다. 훨훨 날아서 찻길을 넘어갈 수 있으니까."

그러자 종달새가 머리를 휘휘 저으며 말했어요.

"우리도 안전하지 않아. 찻길 근처에서 낮게 날면 차가 일으키는 바람에 휘말리기 쉽거든. 나도 위험할 뻔했다고."

다람쥐는 차가 씽씽 달리는 찻길을 바라보며 말했어요.

"어떻게 하면 안전하게 마을 밖으로 나갈 수 있을까?"

동물들은 고민에 빠졌어요.

「동물 마을에서 생긴 일」을 읽고 물음에 답해 보세요.

 동물들의 걱정이 커진 까닭은 무엇인가요?

동물들이 새들을 부러워한 까닭은 무엇인가요?

동물들은 어떤 고민을 하고 있나요?

 동물들을 구할 수 있는 방법에 대한 자신의 생각을 써 보세요.

동물들을 구할 수 있는 방법

실천 학습

 소개하고 싶은 책을 찾아 제목을 써 보세요.

제목

도서관에서 소개하고 싶은 책을
찾으려면 어떻게 해야 되나요?

읽었던 책 가운데에서 재미있었던 것을 떠올려 보세요.
여러 번 읽어서 내용을 잘 알고 있는 책을 고르거나
책을 직접 펼쳐 보고 그림이나 글을 살펴보고 고르세요.

 친구들에게 소개할 책의 띠지를 만들어 보세요.

1. 책에서 인상 깊은 문장을 찾아 쓴다.

2. 책에서 기억나는 그림을 간단히 그린다.

되돌아보기 책을 읽고 바른 자세로 자신의 생각을 말할 수 있는지 확인해 보기

 이렇게 배워요

2단원에서는 자신의 생각을 바른 자세로 자신 있게 말하기를 배웠어요. 또 이야기를 읽고 자신의 생각을 자신 있게 말하는 것에 대해서도 알아보았어요.

배운 내용을 생활 속에서 실천해 보세요.

있었던 일을
부모님께 말씀드릴 때

읽은 책을
친구에게 소개할 때

학습 목표 마음을 나타내는 여러 가지 말을 알고 글에 나오는 인물의 마음을 말해 보세요.

배울 거리 마음을 나타내는 말 알기

 이렇게 읽어요

여러분은 어떨 때 행복하나요? 어떨 때 슬프나요? 여러분이 행복, 슬픔, 기쁨을 느꼈던 상황이나 까닭을 생각해 보세요. 이 글에 나온 농부도 여러분처럼 다양한 감정을 가지고 있어요. 농부의 마음을 살펴보고 여러분도 언제 그랬는지 생각해 보세요.

 선생님과 함께 미리 보는 국어책

농부는 오늘도 과수원을 혼자 가꾸고 있어서 심심하답니다.
우리 친구들이 심심했던 적은 언제인가요?

과수원의 사과가 주렁주렁 열려 농부는 기분이 참 좋아요.
우리 친구들이 기분 좋은 적은 언제인가요?

폭풍우가 몰려와 큰 바람에 사과들이 떨어져 농부는 슬펐어요.
우리 친구들이 슬펐던 적은 언제인가요?

과수원에 멧돼지가 나타나 농부가 깜짝 놀랐어요.

우리 친구들이 놀랐던 적은 언제인가요?

꽃들의 표정에 어울리는 마음을 생각해 보세요.

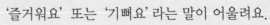
활짝 웃는 표정에 어울리는 마음은
어떤 말로 나타내면 좋을까요?

'즐거워요' 또는 '기뻐요'라는 말이 어울려요.

친구들과 함께 마음을 나타내는 여러 가지 말을 더 생각해 보세요.

배울 거리 마음을 나타내는 말을 사용해 마음 표현하기

 이렇게 읽어요

지금은 동물원에 가야지 호랑이를 볼 수 있지만 옛날에는 호랑이가 산속에 살고 있다가 가끔씩 마을에 나타나 사람들을 괴롭혔답니다. 그 무서운 호랑이가 자기보다 더 무서운 존재가 있다는 것을 알았을 때 기분이 어땠을까요? 호랑이의 마음을 생각하며 이 글을 읽어 보세요.

 선생님과 함께 재미있게 읽어 보는 이야기

호랑이와 곶감

   옛날 깊은 산속에 힘세고 튼튼한 호랑이가 살고 있었어요.

   어느 날 호랑이는 마을을 지나가게 되었어요. 그런데 어느 집에서 아기 울음소리가 들렸어요.

   "으앙, 으앙!"

   엄마가 아기를 달래는 소리가 들렸어요.

   "너, 울음 안 그치면 늑대가 잡아간다."

   "으앙, 으앙!"

   호랑이가 중얼거렸어요.

   "늑대 정도는 무섭지 않은 모양이군."

   "너 그렇게 울면 도깨비가 잡아갈 거야."

   "으앙, 으앙!"

밖에서 듣던 호랑이가 또 중얼거렸어요.

"도깨비도 무섭지 않다니, 도깨비는 사실 허깨비이기는 하지."

안에서 엄마가 말했어요.

"호랑이다. 덩치가 집채만 하고, 이빨이 뾰족한 호랑이가 지금 밖에 있어."

그 소리에 아기는 더 크게 울었어요.

"으앙, 으앙!"

호랑이는 깜짝 놀랐어요. 아기가 울음을 그치지 않아 왠지 서운한 마음도 들었고요.

"내가 여기 있는 것을 어떻게 알았지? 그런데 나보다 무서운 동물은 없는데 아기가 나를 안 무서워하다니."

호랑이는 방 안으로 뛰어들어가 자신이 얼마나 무서운지 보여 주고 싶었어요. 그때 엄마가 말했어요.

"그래, 곶감 여기 있다."

그 말에 아기는 울음을 그쳤어요.

"아니, 곶감이 뭔데 울음을 그치지? 곶감이 얼마나 무서운 것이면 호랑이 이야기에도 울음을 그치지 않던 아기가 울음을 그치는 것인지."

그때 마침 소도둑이 외양간 앞에 들이닥쳤어요. 외양간 밖에 있는 호랑이를 황소로 안 소도둑은 호랑이 목덜미를 잡았어요.

호랑이는 소도둑에게 목덜미를 잡히고 심장이 덜컥 내려앉는 것 같았어요.

'어이쿠, 나를 무서워하지 않는 이놈이 바로 곶감이구나.'

호랑이는 너무 놀라 숨소리도 내지 않고 가만히 있었어요. 그러자 소도둑은 호랑이 등에 올라탔어요. 호랑이 등에 올라타고 같이 도망갈 생각이었거든요.

너무 놀란 호랑이가 이리저리 뛰기 시작했어요. 이 골짜기에서 저 골짜기로 호랑이는 뛰었지만 곶감은 떨어지지 않았어요.

날이 밝아오고 너무 지친 호랑이가 말했어요.

"곶감님, 저는 도저히 못 달리겠어요. 저를 잡아먹으세요."

소도둑은 자기가 밤새 호랑이 등에 매달려 있었다는 것을 알고 놀랐어요.

'황소를 훔치려다가 호랑이 밥이 되었구나.'

소도둑은 고목나무 아래를 지나다가 있는 힘껏 뛰어 나뭇가지에 매달렸어요.

그리고 나무 구멍 속으로 쏙 들어갔어요.

호랑이도 등이 가벼워져서 안심했어요.

곰을 만난 호랑이는 '곶감'을 밤새 태우고 달린 이야기를 했어요.

"곶감은 먹는 거예요. 호랑이님은 분명 사람을 태우고 달렸을 거예요. 같이 가서 그놈을 혼내 줍시다."

호랑이는 내키지 않았지만 왔던 길을 돌아가 보았어요.

"이쯤에서 등이 가벼워졌어."

곰이 주위를 둘러보니 고목나무가 보였어요. 그리고 나무 구멍 안에 엎드려 있는 소도둑도 발견했고요.

곰은 구멍을 막고 호랑이는 나무를 세게 쳐서 나무를 쓰러뜨리려고 했어요.

소도둑은 막막한 마음으로 구멍 위를 보았는데 그때 곰의 꼬리가 보였어요. 소도둑이 허리끈을 풀어 곰의 꼬리에 묶고 잡아당겼어요.

"아파! 살려 줘. 이걸 놔 줘."

그 모습을 본 호랑이는 온몸이 떨렸어요.

"역시 곶감님을 우습게 보면 안 된다니까."

호랑이는 그대로 줄행랑을 쳤어요. 그 뒤에도 호랑이는 '곶감'의 '곶' 자만 들어도 아주 멀리 달아났다고 해요.

「호랑이와 곶감」을 읽고 물음에 답해 보세요.

 호랑이가 아이가 울음을 멈췄을 때 놀란 까닭은 무엇 때문인가요?

호랑이가 소도둑을 무서워했던 까닭은 무엇인가요?

「호랑이와 곶감」을 읽고 호랑이의 마음이 나타난 부분을 찾아보세요.

호랑이의 마음이 나타난 부분	호랑이의 마음이 나타난 부분을 찾는 방법
왠지 서운한 마음이 들었어요.	'서운한' 과 같이 마음을 직접 나타내는 말을 찾아보았어요.
심장이 덜컥 내려앉는 것 같았어요.	호랑이의 마음이 나타난 상황이나 까닭이 나타난 부분을 살펴보아요.
너무 놀라 숨소리도 내지 않고 가만히 있었어요.	호랑이의 모습을 상상해 보아요.

그림에 어울리지 않는 낱말을 찾아 써 보세요.

기뻐요 힘들어요 행복해요 → 행복해요

신기해요 화나요 놀라워요 →

무서워요 궁금해요 두려워요 →

화나요 못마땅해요 슬퍼요 →

슬퍼요 부러워요 서러워요 →

보기 와 같은 마음을 나타내는 말을 사용해 그림에 알맞은 말을 써 보세요.

보기   뿌듯해요   즐거워요   동생이 울어서   넘어져서

케이크를 먹어서 – 까닭
기뻐요. – 마음을 나타내는 말

동생이 나무에 매달려 노는

걸 도와줘서 [   ].

[   ] 슬퍼요.

[   ]

아프고 속상해요.

친구와 함께 놀아서 [   ].

인물의 마음을 상상하여 마음을 나타내는 말을 빈칸에 알맞게 써 보세요.

되돌아보기 마음을 나타내는 여러 가지 낱말을 알고 글에 나오는 인물의 마음을 말할 수 있는지 확인해 보기

 이렇게 배워요

3단원에서는 글에 나오는 인물의 마음을 이해하는 활동에 대해 배웠어요. 마음을 나타내는 말하기, 마음을 나타내는 말을 사용해 보기를 통해 마음을 나누어 보았어요.

인물의 마음을 직접 나타내는 말을 찾을 수 있다. ○ ○ ○

그런 마음이 들게 된 상황이나 까닭을 살펴볼 수 있다. ○ ○ ○

인물의 표정이나 행동을 통해 마음을 짐작해 볼 수 있다. ○ ○ ○

매우 잘함 : ●●●, 잘함 : ●●, 보통임 : ●

 이 단원에서 배운 내용을 생활 속에서 실천해 보세요.

 부모님께 감사의 마음을 담아 말해 보세요.

고마웠던 일을 떠올려 짝에게 쪽지를 써 보세요.

학습 목표   낱말의 소리와 뜻을 생각하며 여러 가지 말놀이를 해 보세요.

 배울 거리   말의 재미 느끼기

이렇게 읽어요

모든 원숭이 엉덩이는 빨간색일까요? 그런 원숭이도 있지만 그렇지 않은 원숭이도 있답니다. 엉덩이가 빨간 원숭이를 보면서 사과를 생각할 수 있어요. 빨간색을 보면 무엇이 생각이 나나요? 아래의 글을 읽으면서 재미있는 말놀이 방법을 익혀 보세요.

선생님과 함께 미리 보는 국어책

친구들과 함께 말놀이를 해 보세요.

🌸 끝말잇기 놀이를 해 보세요.

가로수　수영　영화

🌸 첫 글자로 말 잇기 놀이를 해 보세요.

나물　나방　나이

 같은 글자가 어디에 있는지 찾아보세요.

배울 거리　재미있는 말놀이 하기

선생님과 함께 미리 보는 국어책

사과는 빨개

사과는 빨개

빨가면 딸기

딸기는 작아

작은 것은 아기

아기는 귀여워

귀여운 것은 곰 인형

곰 인형은 포근해

포근하면 봄

「사과는 빨개」처럼 비슷한 것을
떠올려서 말을 이어 가는 놀이를
꽁지 따기 말놀이라고 해요.

보기 와 같이 「사과는 빨개」의 일부분을 바꾸어 꽁지 따기 말놀이를 해 보세요.

보기

사과는 빨개

빨가면 고추장

고추장은 매워

매우면 김치찌개

김치찌개는 맛있어

맛있으면 피자

피자는 동그라미

동그라미는 동전

사과는 빨개

사과는 빨개.

빨가면 장미.

장미는 예뻐.

예쁘면…….

선생님과 함께 미리 보는 국어책

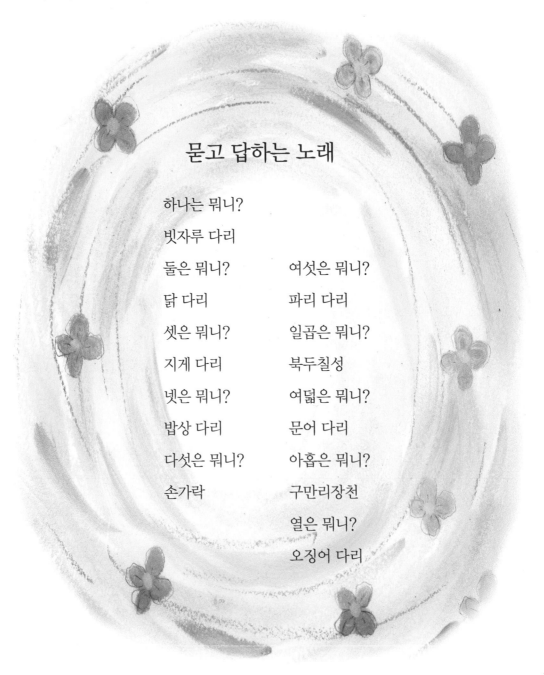

묻고 답하는 노래

하나는 뭐니?

빗자루 다리

둘은 뭐니?   여섯은 뭐니?

닭 다리   파리 다리

셋은 뭐니?   일곱은 뭐니?

지게 다리   북두칠성

넷은 뭐니?   여덟은 뭐니?

밥상 다리   문어 다리

다섯은 뭐니?   아홉은 뭐니?

손가락   구만리장천

                  열은 뭐니?

                  오징어 다리

「묻고 답하는 노래」에서 답하는 부분을 [보기] 처럼 바꾸어 주고받는 말놀이를 해 보세요.

[보기]

하나는 뭐니? [숟가락]

둘은 뭐니? [젓가락]

셋은 뭐니? [   ]

넷은 뭐니? [   ]

다섯은 뭐니? [   ]

주고받는 말놀이는 질문에 답하면서
말을 주고받는 놀이예요.
수와 관련된 낱말을 떠올려 보세요.

배울 거리 여러 가지 낱말을 찾아보고 나누기

 이렇게 배워요

시장에 가 본 경험을 떠올려 보세요. 그리고 시장에서 어떤 물건을 파는지
생각해 보세요.

시장에서 파는 물건의 이름을 빈칸에 써 보세요.

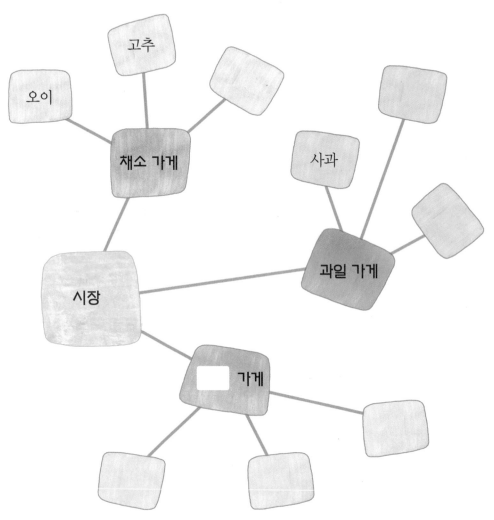

배울 거리   말 덧붙이기 놀이 하기

시장에 있는 물건을 떠올려 보고 말 덧붙이기 놀이를 해 보세요.

> 말 덧붙이기 놀이는 어떤 장면에 대해 친구가 말을 하면
> 그 친구의 말을 반복하고 새로운 말을 덧붙이는 놀이예요.
> 이미 말한 것을 다시 말하거나
> 다섯을 셀 때까지 말을 잇지 못하면 지게 됩니다.

1		시장에 가면 두부도 있고
2		시장에 가면 두부도 있고 도넛도 있고
3		
4		

떡 이름을 지어 보고 자신이 상상한 떡을 그린 뒤에 이름을 붙여 보세요.

꿀꿀꿀 꿀떡

고슬고슬 팥 시루떡

만두 가게에 간 친구가 무엇을 궁금해하고 있는지 생각하며 그림을 살펴보세요.

 만두의 이름이 어떻게 붙여졌는지 친구들과 이야기해 보세요.

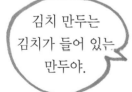 김치 만두는 김치가 들어 있는 만두야.

 군만두는 기름에 구운 만두야.

만두의 이름이 어떻게 붙여졌는지 써 보세요.

음식 재료에 따라 이름을 붙인 것

만드는 방법에 따라 이름을 붙인 것

왕만두라는 이름은 어떻게
생겼을까요? 아마 크기가 크기 때문에
왕만두라고 했을 것 같습니다.

정리하기

되돌아보기 주고받는 말놀이의 방법을 떠올리며 알맞은 말을 써 보기

🌸 이렇게 배워요

4단원에서는 재미있는 말놀이를 통해 우리말에 대한 관심과 흥미를 갖게 했어요.

별은 뭐니?		바다에 사는 불가사리

동그라미는 뭐니?	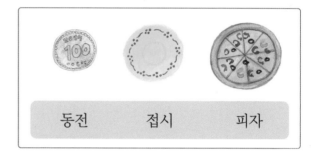

세모는 뭐니?	

네모는 뭐니?	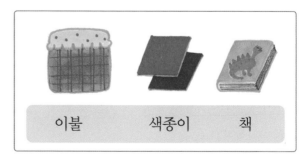

학습 목표 알맞은 낱말을 사용해 마음을 전하는 글을 써 보세요.

배울 거리 글자가 비슷한 낱말을 보고 헷갈렸던 경험 나누기

 이렇게 읽어요

받아쓰기를 하다가 글자가 비슷한 낱말을 보고 헷갈렸던 경험이 있을 거예요. 이 이야기는 받아쓰기 준비를 하지 못한 친구의 이야기입니다.

 선생님과 함께 재미있게 읽어 보는 이야기

어젯밤 꿈 이야기

1교시 국어 시간이었다. 선생님께서는 받아쓰기 공책을 꺼내라고 하셨다.

'맙소사, 받아쓰기가 있었지? 연습을 전혀 못 했는데 어쩌지?'

나는 너무 걱정이 되었다. 친구들을 보니 아무렇지 않게 공책을 꺼내서 준비를 하고 있었다.

"자, 바람에 문이 닫히고 말았어요."

선생님께서 불러 주시는 말이 귀에 하나도 들어오지 않았다.

'어쩌지? 너무 헷갈려. 생각이 나질 않아. 바람에 문이 세게 다친다고? 문이 어떻게 다치지?'

나는 어쩔 줄 몰라 하다가 아무것도 쓰지 못하고 그냥 빈 공책을 냈다.

"○○○ 100점, ○○○ 90점……."

'아니, 오늘따라 왜 점수를 불러 주시지? 어떻게 된 거야?'

내 번호가 점점 가까워졌다. 나는 식은땀을 흘리며 '안 돼'를 외치고 있었다.

정신을 차리고 보니 내 방이었다.

'하필이면 이런 꿈을 꾸다니…….'

진짜 국어 시간이 아니어서 정말 다행이다. 앞으로는 받아쓰기 숙제를 열심히 해야겠다.

몸의 어느 부분이 맞거나 부딪혀 상처가 난 것을 '다치다'라고 하고, 열린 문, 뚜껑, 서랍 등을 제자리로 가게 해 막는 것을 '닫히다'라고 해요. 우리말에는 소리는 같지만 글자와 뜻이 다른 낱말이 있어요.

배울 거리 글자가 비슷한 낱말의 뜻 구분하기

 소리는 같지만 글자와 뜻이 다른 낱말을 서로 연결해 보세요.

거름
같이
이따가
가치
맞히다
느리다
마치다
있다가
늘이다
걸음

 낱말의 알맞은 뜻을 생각하며 선으로 이어 보세요.

맞히다 •

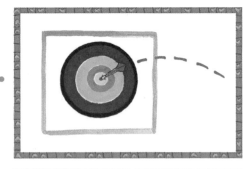

마치다 •

거름 •

•

걸음 •

•

있다가 •

•

이따가 •

•

이렇게 읽어요

한준이가 쓴 일기를 읽고 빈칸에 알맞은 낱말을 보기 에서 찾아 써 보세요.
찾아 쓰기 위해서는 앞뒤 내용을 잘 살펴보아야 해요.

보기   맞히고   마치고   걸음   거름   이따가   있다가

| 20○○년 5월 25일 목요일 | 날씨: 해가 구름을 이긴 날 |

놀이터에서 만난 그늘

  학교를 (   ) 은찬이와 놀이터에서 만나기로 했다. 놀이터에
도착해서 기다리니 조금 (   ) 은찬이가 왔다. 은찬이와 함께
그네를 타다가 시소도 탔다. 무척 재미있었지만 더웠다.

  "우리 그늘에 가서 잠깐 쉴까?"

  "좋아, 여기에서 그늘까지 몇 (   )인지 세어 보자."

  시소에서 그늘까지 은찬이와 나란히 숫자를 세며 걸었다. 나
무 그늘에 가니 무척 시원했다. 날씨가 더울 때에는 시원한 곳에
서 놀아야겠다.

그림에 어울리는 낱말을 보기 에서 찾아 써 보세요.

보기   느리다   늘이다   깁다   깊다

 정확한 낱말을 골라 문장을 완성해 보세요.

> 엿가락을 길게 (늘이다, 느리다).
> 동물들이 더위에 지쳐 (느리게, 늘이게) 움직이고 있다.

> 감기가 (낫는, 낳는) 것 같더니 다시 심해졌다.
> 우리 집 소가 송아지를 (낳다, 낫다).

배울 거리 글자가 비슷한 낱말에 주의하며 글 읽기

이렇게 읽어요

은서네 반은 국어 시간에 「해와 달이 된 오누이」 동화를 읽고 있어요. 빨간색으로 표시된 글씨는 소리는 비슷하지만 다른 뜻의 글자랍니다. 앞뒤 내용을 생각하며 글자가 비슷한 낱말의 뜻을 구분해 보세요.

 선생님과 함께 재미있게 읽어 보는 이야기

국어 시간

1교시 국어 시간이었다. 은서가 일어서서 큰 소리로 책을 읽고 있었다. 선생님께서는 다른 친구가 책 읽기를 다 마칠 때까지 잘 들어야 한다고 말씀하셨다. 우리 반 친구들은 의자에 반듯이 앉아 책 읽는 것을 잘 듣고 있었다.

"'저희에게 동아줄을 내려 주세요.'

동아줄이 내려오자 오누이는 다치지 않고 하늘로 올라갔어요.

호랑이도 하늘에 대고 말했어요.

'제게도 동아줄을 내려 주세요.'"

은서는 진짜 호랑이가 된 것처럼 실감 나게 글을 읽었다. 우리 반 친구들은 재미있는지 서로 바라보며 웃기 시작했다. 선생님께서도 빙그레 웃으시더니 은서에게 칭찬 딱지를 붙여 주셨다.

"와, 은서 정말 호랑이 같다."

"우리가 이야기 나라에 갔다 온 것 같아."
친구들이 모두 박수를 치며 좋아했다.
나도 은서처럼 책을 실감나게 잘 읽을 수 있도
록 노력해야겠다.

「국어 시간」을 읽고 물음에 답해 보세요.

은서가 칭찬을 들은 까닭은 무엇인가요?

'나' 는 어떤 생각을 했나요?

보기 의 낱말의 뜻을 생각하면서 어울리는 낱말을 사용해 문장을 완성해 보세요.

보기   맞습니다   맡습니다   바칩니다   받칩니다

1번 문제의 답은 3번이

비가 와서 우산을

소리는 같지만 글자와 뜻이 다른 낱말의 뜻을 알아보세요.

글자가 비슷해 헷갈리는
낱말이 있을 거예요.

배울 거리 알맞은 낱말을 사용해 마음을 전하는 글쓰기

 선생님과 함께 미리 보는 국어책

 한결이가 쓴 편지를 읽고 편지 쓰는 방법을 알아보세요. 그리고 빈칸에 알맞은 내용을 보기 에서 찾아 써 보세요.

영양 선생님께

영양 선생님, 안녕하세요? 저는 2학년 1반 김한결이에요.

저희를 위해 날마다 맛있는 급식을 준비해 주셔서 감사합니다. 저는 저번에 영양 선생님께서 반찬을 잘 먹는다고 칭찬해 주셔서 미역무침도 다 먹었어요. 급식실에 가는 게 항상 즐거워요. 정말 고맙습니다.

그럼 안녕히 계세요.

20○○년 5월 30일

한결 올림

받을 사람

전하고 싶은 말

끝인사

보기

받을 사람	첫인사	쓴 사람
전하고 싶은 말	끝인사	쓴 날짜

민수의 편지를 읽고 물음에 답해 보세요.

> 할머니께
>
> 안녕하세요? 할머니, 저 민수예요.
>
> 작년 여름 방학에 할머니 댁에 가지 못해서 너무 아쉬웠어요. 할머니 댁에서 수박도 먹고 개울에서 놀고 싶어요. 이번 여름 방학에는 꼭 시골에 놀러 갈게요.
>
> 그럼 안녕히 계세요.
>
> 20○○년 4월 30일
>
> 민수 올림

민수가 편지를 쓴 까닭은 무엇인가요?

마음을 전하는 편지를 썼는지 확인해 보세요.

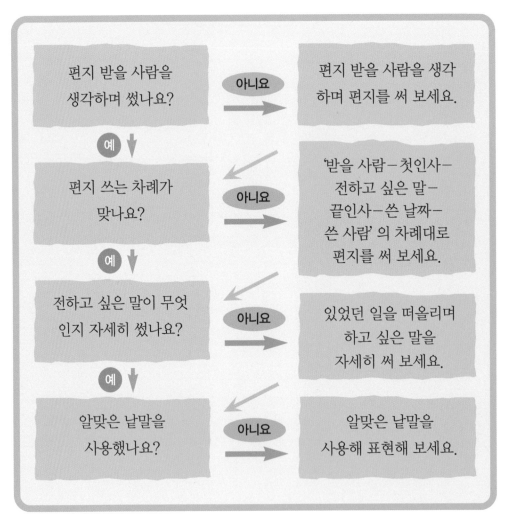

편지 받을 사람을 생각하며 썼나요?

아니요 → 편지 받을 사람을 생각하며 편지를 써 보세요.

예 ↓

편지 쓰는 차례가 맞나요?

아니요 → '받을 사람-첫인사- 전하고 싶은 말- 끝인사-쓴 날짜- 쓴 사람'의 차례대로 편지를 써 보세요.

예 ↓

전하고 싶은 말이 무엇 인지 자세히 썼나요?

아니요 → 있었던 일을 떠올리며 하고 싶은 말을 자세히 써 보세요.

예 ↓

알맞은 낱말을 사용했나요?

아니요 → 알맞은 낱말을 사용해 표현해 보세요.

되돌아보기 이 단원에서 배운 낱말을 떠올려 보고, 그 낱말을 사용해 짧은 문장
을 만들어 보기

 이렇게 배워요

5단원에서는 소리는 같지만 글자와 뜻이 다른 낱말의 뜻을 구분해 알맞은
낱말을 사용하는 것에 대해 배웠어요. 편지글의 기본 형식에 대해서도 알아
보았고요.

낱말	문장
반드시	내년 운동회 경기에서는 반드시 이기고 싶어.
부치다	
바치다	
느리다	

'반드시' 는 '틀림없이 꼭' 이라는 뜻이고,
'반듯이' 는 '물건이 비뚤어지지 않고 비르다' 의
의미입니다.

준비하기

학습 목표   일이 일어난 차례를 생각하며 겪은 일을 이야기로 표현해 보세요.

배울 거리   일이 일어난 차례 살피기

🌸 **이렇게 읽어요**

일이 일어난 차례를 살피며 「흥부와 놀부」를 읽어 보세요. 글을 읽으며 시간을 나타내는 말을 찾아보세요.

🌸 **선생님과 함께 재미있게 읽어 보는 이야기**

흥부와 놀부

옛날 옛날에 욕심쟁이 형 놀부에게 쫓겨난 마음씨 착하고 가난한 흥부가 살고 있었습니다. 어느 여름날, 구렁이가 제비 집을 덮치는 바람에 새끼 제비 한 마리가 흥부네 집 마당에 떨어져 다리를 다쳤습니다. 깜짝 놀란 흥부는 구렁이를 쫓아냈습니다. 그리고 제비의 다친 다리를 정성껏 치료해 주었습니다. 그래서 제비의 다친 다리가 낫게 되었고 제비는 힘

차게 날아오를 수 있었습니다.

　이듬해 봄이 되자, 제비가 다시 날아와 박 씨 하나를 흥부네 집 마당에 떨어뜨렸습니다. 흥부는 그 박 씨를 심었습니다. 그해 가을, 흥부네 지붕에는 커다란 박이 주렁주렁 열렸고 흥부네 가족은 슬금슬금 박을 타기 시작했습니다. '펑' 하는 소리와 함께 박이 열릴 때마다 신기한 보물이 나왔습니다. 마침내 흥부네 가족은 부자가 되었습니다.

「흥부와 놀부」에서 일이 일어난 차례를 알 수 있는 말을 찾아 ○표해 보세요.

여름날, 이듬해, 봄, 그해 가을과 같이 일이 일어난 차례를 알 수 있는 말에 ○표해 보세요.

배울 거리 차례를 나타내는 말을 생각하며 이야기 읽기

 이렇게 읽어요

「기름 장수와 호랑이」 글을 읽으며 일이 일어난 차례를 나타내는 말을 찾아 보세요.

선생님과 함께 재미있게 읽어 보는 이야기

「기름 장수와 호랑이」 앞부분

옛날 옛날 먼 옛날의 일입니다. 어느 날 아침, 소금 장수가 고개를 넘어가다가 굶주린 호랑이와 마주쳤습니다.

"호랑이님, 한 번만 살려 주십시오."

호랑이는 들은 척도 하지 않고, 소금 장수를 통째로 삼켜 버렸습니다.

"아, 배고파. 어디 더 먹을 것 없나?"

어스름한 저녁이 되자 기름 장수가 나타났습니다. 호랑이는 기름 장수도 한 입에 삼켜 버렸습니다.

깜깜한 밤에 호랑이 배 속에서 소금 장수와 기름 장수가 만났습니다.

"나는 기름 장수인데, 당신은 누구요?"

"나는 소금 장수요. 여기서 어떻게 빠져나가지요?"

"어유, 어두워. 먼저 불을 켜고 보세요."

두 사람은 등잔불을 켜고 빠져나갈 궁리를 했습니다.

그때, 호랑이가 갑자기 벌떡 일어나는 바람에 그만 등잔이 엎어지며 등잔

의 뜨거운 기름이 쏟아졌습니다. 깜짝 놀란 호랑이는 펄쩍펄쩍 뛰었습니다.

"아이고, 뜨거워라. 아이고, 호랑이 죽네!"

호랑이가 날뛸수록 더 많은 기름이 쏟아져 배 속에 더 많은 불이 붙었습니다.

 「기름 장수와 호랑이」 앞부분을 읽고 물음에 답해 보세요.

소금 장수와 기름 장수가 만난 곳은 어디인가요?

호랑이가 펄쩍펄쩍 뛴 까닭은 무엇인가요?

일이 일어난 차례를 생각하며 이야기를
읽어 보세요. '아침에, 어제, 토요일에, 봄에'
등과 같은 말은 시간을 나타내는 말이에요.
「기름 장수와 호랑이」 에도
시간을 나타내는 말이 많이 나와요.

「기름 장수와 호랑이」의 앞부분을 다시 읽고 시간을 나타내는 말을 찾아 O표를 해 보세요.

등잔불   어스름한   그리고

아침   저녁   펄쩍펄쩍

어느 날   깜깜한 밤   며칠 후

 위에서 찾은 낱말을 사용해 일이 일어난 차례에 맞게 시간을 나타내는 말을 써 보세요.

어느 날 아침	호랑이는 소금 장수를 삼켰습니다.
	호랑이는 기름 장수도 삼켰습니다.
	호랑이 배 속에서 소금 장수와 기름 장수가 만났습니다.

선생님과 함께 재미있게 읽어 보는 이야기

「기름 장수와 호랑이」 뒷부분

이튿날 아침이 되었습니다.

소금 장수와 기름 장수는 호랑이 배 속에서 잠이 깼습니다. 소금 장수의

가마니 뒤에 숨은 덕분에 둘은 데인 곳이 없었습니다.

"그렇게 날뛰던 호랑이가 잠잠해진 것을 보면 죽은 모양이오."

"배 속이 이렇게 많이 탔으니 죽을 만도 하지요."

두 사람은 호랑이 입을 열고 배 속에서 기어 나왔습니다. 소금 장수와 기름 장수는 죽은 호랑이를 둘러매고 마을로 돌아왔습니다.

점심에는 호랑이를 죽이고 살아 돌아온 소금 장수와 기름 장수의 이야기

가 온 동네에 퍼졌습니다.

"소금 장수와 기름 장수가 호랑이 배 속에서 살아 나왔다네."

"사람을 많이 잡아먹기로 유명한 그 호랑이라지?"

며칠 후 임금님까지 소금 장수와 기름 장수의 이야기를 전해 듣
게 되었습니다.

"어허, 참으로 놀라운 일
이로구나."

임금님은 사람들에게
큰 피해를 주었던 호랑이
를 죽인 두 사람에게
큰 상을 내렸습니다. 두
사람은 오래오래 행복
하게 살았습니다.

「기름 장수와 호랑이」의 뒷부분을 다시 읽고, 그림에 알맞은 시간을 나타내는 말을 써 보세요.

이튿날 아침

그림을 보고 물음에 답해 보세요.

태희가 하루 동안 겪은 일의 차례에 따라 ○ 안에 번호를 써 보세요.

오전 10시

오후 3시

점심시간

오전 11시

보기 를 활용해 태희가 겪은 일을 차례에 맞게 정리해 보세요.

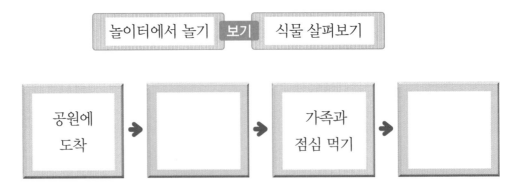

놀이터에서 놀기　보기　식물 살펴보기

| 공원에 도착 | → | | → | 가족과 점심 먹기 | → | |

시간을 나타내는 말을 사용해 태희가 겪은 일을 차례대로 써 보세요.

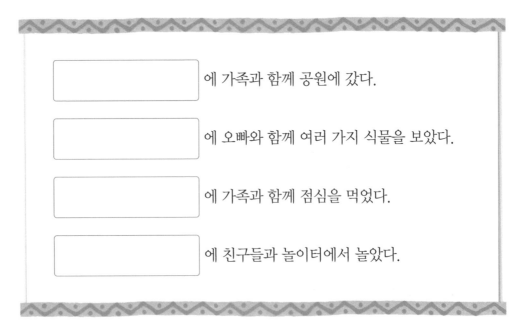

　　　　　　　에 가족과 함께 공원에 갔다.

　　　　　　　에 오빠와 함께 여러 가지 식물을 보았다.

　　　　　　　에 가족과 함께 점심을 먹었다.

　　　　　　　에 친구들과 놀이터에서 놀았다.

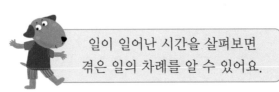

일이 일어난 시간을 살펴보면
겪은 일의 차례를 알 수 있어요.

이번 주말에 하고 싶은 일을 떠올려 친구와 이야기해 보세요.

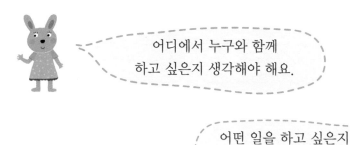

어디에서 누구와 함께
하고 싶은지 생각해야 해요.

어떤 일을 하고 싶은지
생각해야 해요.

 위에서 떠올린 내용을 시간을 나타내는 말을 사용해 차례에 맞게 정리해 보세요.

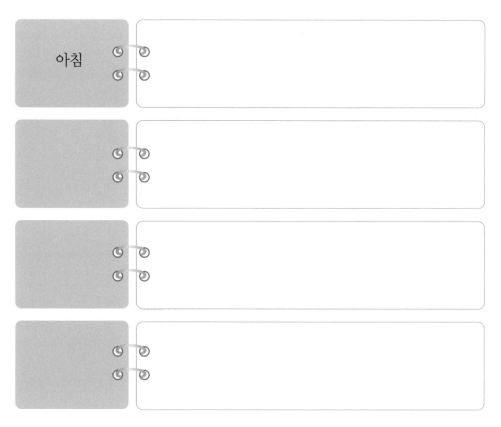

아침

앞의 내용을 바탕으로 미래 일기를 적어 보세요.

 주말에 하고 싶은 일을 미래 일기 펼침책으로 만들어 보세요.

❶ 미래 일기 펼침책의 앞쪽에 일이 일어날 때를 쓴다.

❷ 미래 일기 펼침책의 뒤쪽에 일어날 일이나 하고 싶은 일을 쓴다.

❸ 일이 일어날 때를 접고 하나씩 펼치며 친구들에게 미래 일기를 발표한다.

미래의 일이 일어난 차례를
알 수 있도록 시간을 나타내는
말을 사용해 보세요.

정리하기

되돌아보기 시간을 나타내는 말을 찾아 미로를 빠져나가 보기

 이렇게 배워요

6단원에서는 일이 일어난 차례에 따라 겪은 일을 이야기하는 것을 배웠어요. 시간적인 흐름에 따라 이야기를 해 보는 연습을 해 보세요.

학습 목표 글에서 주요 내용을 확인하고, 주변에 있는 물건을 설명해 보세요.

 배울 거리 물건을 설명한 경험 이야기하기

🌷 선생님과 함께 미리 보는 국어책

🌼 그림을 보고 물음에 답해 보세요.

등굣길에 모자를 잃어버렸어. 초록색 모자인데 아주 커. 혹시 보면 찾아 줘.

야구를 하다가 모자를 잃어버렸어. 노란색이고 오리가 그려져 있어. 혹시 보면 찾아 줘.

민수

서은

분실물 보관함

분실물 보관함

 민수와 서은이 가운데에서 잃어버린 물건을 더 쉽게 찾을 수 있는 친구는 누구일까요? 그 까닭은 무엇일까요?

기본 학습

배울 거리 글을 읽고 주요 내용 확인하기

이렇게 읽어요

다음 글은 민속 박물관에서 본 텔레비전, 전화기, 라디오에 대해 설명하는
글이에요. 글을 읽으면서, 무엇을 알 수 있는지 잘 살펴보세요.

선생님과 함께 미리 보는 국어책

요즘과 달라요

민속 박물관에서 옛날 집 안의 모습을 보았습니다. 옛날에도 텔레비전, 라
디오, 전화기가 있었습니다. 그런데 신기하게도 모양이나 사용 방법이 요즘
에 우리가 보는 물건과 많이 달랐습니다. 옛날 집 안에 있는 물건을 같이 살
펴볼까요?

옛날 텔레비전은 요즘 텔레비전과 많이 다릅니다. 옛날 텔레비전은 네모
상자 모양이고 화면이 작습니다.
화면은 평평하지 않고 가운데 부
분이 볼록하게 튀어나와 있습니
다. 그리고 다른 방송을 보려면
동그란 모양의 장치를 손으로 돌
려야 합니다.

옛날 라디오는 요즘 라디오와

많이 다릅니다. 옛날 라디오는 텔레비전보다 작은 네모 상자 모양입니다. 동그란 장치가 있는 곳에는 투명한 자처럼 생긴 것이 있고 그 안에 움직일 수 있는 빨간 선이 있습니다. 동그란 장치를 돌리면 빨간 선이 움직여서 방송을 들을 수 있습니다.

글의 제목에서 무엇을 알 수 있나요?

옛날 물건을 설명하려는 까닭은 무엇인가요?

옛날 텔레비전의 어떤 점을 알 수 있나요?

옛날 전화기에 대해 설명하는 과정을 보기 에서 찾아 빈칸에 써 보세요.

보기　　대상　　까닭　　궁금해하는 내용

설명하는 (　　　)이 무엇인지 결정합니다.

설명하는 (　　　)이 무엇인지 생각합니다.

설명을 듣거나 읽는 사람이 (　　　　　　)을 떠올립니다.

요즘 전화기와 달라요

　옛날 전화기는 요즘 전화기와 많이 다릅니다. 민속 박물관에서 본 옛날 전화기는 요즘 전화기와 모양이나 크기뿐만 아니라 사용 방법도 달라서 신기합니다. 민속 박물관에서 본 옛날 전화기는 위쪽이 좁은 과자 상자 모양이고 까만색입니다. 그리고 전화기 가운데에는 손으로 돌릴 수 있는 동그란 장치가 있습니다. 동그란 장치는 전화를 걸 때 사용합니다.

글의 제목에서 무엇을 알 수 있는지 이야기해 보세요.

배울 거리   주변의 물건에 대해 설명하기

 이렇게 배워요

친구들에게 물건에 대해 설명하는 글을 써 보세요. 물건의 색깔과 모양, 쓰임, 크기도 자세히 써 주면 읽는 사람이 특징을 잘 이해할 수 있을 거예요.

친구들에게 설명하고 싶은 물건 하나를 선택하고 그 까닭을 써 보세요.

설명하고 싶은 물건

설명하고 싶은 까닭

 자신이 설명하고 싶은 물건을 그림으로 그려 보세요.

설명하고 싶은 물건에 대해 친구들이 궁금해할 내용을 떠올리며 글을 써 보세요.

 떠올린 내용을 바탕으로 하여 물건을 설명하는 글을 써 보세요.

제목 :

배울 거리 　받침이 뒷말 첫소리에 이어서 나는 낱말 바르게 읽기

 이렇게 배워요

받침이 뒷말 첫소리에 이어서 나는 낱말을 읽어 보세요.

낱말을 읽고 받침이 뒷말 첫소리에 이어서 나는 낱말에 ○표를 해 보세요.

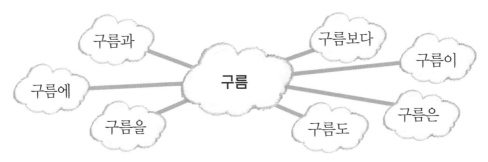

구름과　　구름보다　　구름이

구름에　　**구름**　　구름이

구름을　　구름도　　구름은

낱말의 소리가 어떻게 달라지는지 살펴보세요.

구름이	➡	구름이	➡	구르미
구름은	➡	구름은	➡	
구름에	➡	구름에	➡	

‘구름을’에서 받침 ‘ㅁ’이 뒤에 오는 ‘ㅇ’을 만나면
자연스럽게 이어져 [구르믈]이라고 소리가 나요.

선생님과 함께 재미있게 읽어 보는 이야기

 파란색으로 쓴 글자에 주의하며 글을 읽어 보세요.

욕심 많은 개

구름이 없는 화창한 날이었어요. 어느 날, 욕심 많은 개가 집으로 가는 길에 떨어진 고깃덩이를 보았어요. 개는 떨어진 고기를 얼른 입에 물고 신나게 걸어가고 있었어요. 개는 강가에 다다랐어요. 그리고 통나무로 된 다리를 건너게 되었어요. 통나무 다리를 건너다가 고기를 입에 물고 있는 다른 개 한 마리를 발견하고 깜짝 놀랐어요.

'저 녀석! 커다란 고깃덩이를 물고 있군.'

개는 다른 개가 물고 있는 고기를 빼앗아야겠다는 생각을 했어요. 그리고 큰 고기를 물고 있는 개를 향해 크게 짖었어요.

"멍멍. 멍멍."

개가 짖기 시작하자 입에 물고 있었던 고기가 강물에 풍덩 빠지고 말았어요.

 글자와 다르게 소리 나는 낱말에 O표를 해 보세요.

집으로	떨어진	입에

다리를	고기를	강물에

우리 주변에서 받침이 뒷말 첫소리에 이어서 나는 낱말을 찾아 친구들과 이야기해 보세요.

낱말을 소리 내어 읽어 보고 글자와 다르게 소리 나는 낱말에 색칠해 보세요.

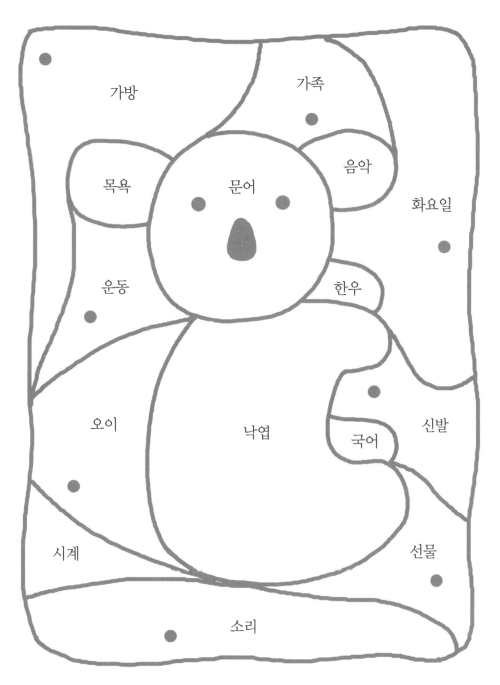

자신이 발명하고 싶은 물건을 생각해 보고 발명품의 특징이 잘 드러나도록 보기
와 같이 설명할 내용을 정리해 보세요.

보기

제목	내 몸에 꼭 맞는 의자
발명하려는 까닭	자리가 바뀔 때마다 높이가 안 맞는 의자가 있어서 너무 불편하기 때문에
특징	● 의자 옆의 초록색 단추를 누르면 내 키에 맞게 의자의 높이가 자동으로 맞추어진다. ● 연두색이라 눈이 편안하다. ● 땅콩 모양이어서 재미있고 편하다. ● 위에는 화면이 달려 있다.

제목	
발명하려는 까닭	
특징	

되돌아보기 이 단원에서 배운 내용을 되돌아보며 알맞은 내용에 색칠해 보기

이렇게 배워요

7단원에서는 물건을 설명하는 글을 읽고 주요 내용을 확인하는 방법을 알고, 이를 바탕으로 하여 물건을 설명하는 짧은 글을 쓰는 것을 배웠어요. 그리고 글자와 다르게 소리 나는 낱말을 바르게 읽는 것에 대해서도 배웠어요.

제목을 보며 어떤 내용일지 짐작할 수 있어요.

물건의 특징을 자세하게 말해야 해요.

설명하는 까닭이 잘 드러나게 써요.

물건을 설명하는 글을 읽고 어떤 물건인지 떠올리기 힘들어요.

'공원에서' 라는 낱말은 [공워네서]로 이어 읽어야 해요.

학습 목표   글쓴이의 마음을 짐작하며 글을 읽어 보세요.

배울 거리   글쓴이의 마음을 생각하며 글을 읽은 경험 나누기

 이렇게 배워요

글을 읽을 때 자신의 경험과 그때 느꼈던 마음을 떠올리면 글쓴이의 마음을 쉽게 헤아릴 수 있어요.

 선생님과 함께 미리 보는 국어책

 그림과 비슷한 자신의 경험을 떠올려 보세요.

친한 친구를 우연히 만났어요.

친한 친구를 우연히 만난 경우와
비슷한 경험을 이야기해 보세요.

보기 처럼 언제 어떤 마음을 느꼈는지 빈칸에 적어 보세요.

보기

언제	마음
친한 친구를 우연히 만났을 때	반가운 마음

언제	마음
상을 받았을 때	
	속상한 마음
친구의 색연필을 실수로 떨어뜨렸을 때	

주어진 상황에 따라 마음을 나타내는
말을 재미있게 만들어 보세요.

이렇게 읽어요

달리기를 할 때 신발이 벗겨져서 부끄럽기도 하고 당황스럽기도 한 마음을
표현한 글을 읽어 보세요.

신발아, 꼭 붙어 있어라

학교에서 달리기를 했다. 결승점이 얼마 남지 않았는데 그만 신발이 벗겨
지고 말았다.

'으악, 내 신발!'

다른 아이들은 신발도 벗겨지지 않고 달리기를 잘하는데 나만 신발이 벗
겨진 것이다.

신발아, 발에 꼭 붙어 있어라. 특히 달리기할 때.

 달리기할 때 어떤 일이 일어났나요?

기본 학습

배울 거리   글쓴이의 마음을 짐작하며 글 읽기

 이렇게 읽어요

이 글은 자전거 타기에 성공했을 때의 마음을 표현할 글입니다. 주인공의 마음이 어떠했을지 생각해 보며 이 글을 읽어 보세요.

선생님과 함께 미리 보는 국어책

> 20○○년 6월 8일 목요일   날씨: 화창한 날씨

자전거 타기 성공

오랜만에 날씨가 화창했다. 현관에 세워 놓은 두발자전거가 보였다. 어머니께서 내 마음을 아셨나 보다. 나는 어머니를 바라보며 기운차게 말했다.

"오늘은 꼭 성공할 거예요!"

어머니께서는 웃으며 고개를 끄덕이셨다.

점심을 먹은 뒤에 어머니와 함께 놀이터로 나갔다. 어머니께서는 뒤에서 자전거를 잡아 주셨다. 균형을 잡으려고 애썼지만 자전가가 자꾸만 쓰러지려고 했다.

잠깐 쉬고 있으면 어머니께서는 계속 이렇게 외치셨다.

"자, 출발!"

나는 정말 힘들었다. 그래도 자전거를 빨리 배우고 싶은 마음에 열심히 페달을 밟았다. 그런데 가만 보니 어느새 어머니께서 멀리 떨어져서 달려오고 계셨다.

"우아, 제가 지금 혼자 타고 있는 거예요?"

"그럼, 아까부터 그랬단다."

어머니께서 씽긋 미소를 지으셨다.

"야호!"

하늘로 붕 떠오르는 기분이었다. 어머니와 나는 손이 아플 정도로 손뼉을 마주쳤다. 저녁때가 다 되어 집으로 돌아왔다. 자전거를 혼자 탈 수 있게 되어 참 뿌듯했다.

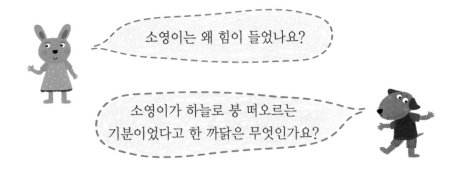

소영이는 왜 힘이 들었나요?

소영이가 하늘로 붕 떠오르는 기분이었다고 한 까닭은 무엇인가요?

글쓴이에게 일어난 일을 차례대로 정리해 보세요.

현관에 있는 자전거를 봄 ➡

➡

 소영이의 일기에서 소영이가 자전거 타기를 할 수 있게 되었을 때의 마음을 짐작해 보세요.

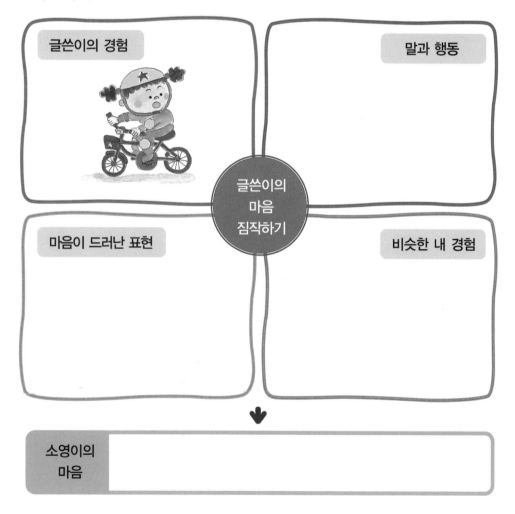

글쓴이의 경험

말과 행동

글쓴이의
마음
짐작하기

마음이 드러난 표현

비슷한 내 경험

소영이의
마음

「벌이 무서워」를 읽고 물음에 답해 보세요.

| 20○○년 6월 3일 월요일 | 날씨: 아침 해가 방긋,
저녁 비가 주르륵 |

제목: 벌이 무서워

★ 친구들이랑 쉬는 시간에 우리 반 복도에서 벌을 보았다. 엄지손가락만 한 벌 한 마리가 창문 위에서 앵앵거리고 있었다. ◆ 나는 화장실에 가려고 했는데 벌 때문에 못 갔다. 그런데 용감한 친구들이 화장실에 가서 나도 따라갔다. ▲ 어휴, 정말 무서웠다.

「벌이 무서워」에서 표시한 부분에 알맞게 선으로 이어 보세요.

 •   • 글쓴이의 말이나 행동

 •   • 마음을 드러낸 부분

 •   • 글쓴이의 상황

 글쓴이의 마음으로 알맞은 것에 ○표를 해 보세요.

벌이 엄지손가락만 하네. 참 귀엽게 생겼다.	
벌은 무섭지 않아. 곧 밖으로 날아갈 거야.	
벌이 있어서 복도를 지나가지 못할 것 같아.	

글을 읽을 때는 글쓴이의 상황이
어떠한지 생각해 보세요.

글쓴이가 겪은 일과
비슷한 경험을 떠올려 보세요.

배울 거리 일이 일어난 차례를 생각하며 읽기

 이렇게 읽어요

이 글은 다미가 시간의 변화에 따라 변화한 마음을 표현한 글이에요. 다미의 마음이 어떻게 변해 가는지 생각해 보며 글을 읽어 보세요.

 선생님과 함께 미리 보는 국어책

아픈 날

아침에 밥을 먹으려는데 배가 아프고 속이 울렁거렸다.

"어머니, 저 배가 아파서 밥을 못 먹겠어요."

"많이 아프니? 어젯밤에 아이스크림을 먹고 자서 그런가 보다."

어머니께서는 걱정스러운 얼굴로 병원에 가자고 하셨다. 오늘은 짝을 바꾸는 날인데 학교에 못 가서 속상했다.

나는 어머니와 함께 오전 10시에 병원에 갔다. 의사 선생님께서 배에다 청진기를 대 보시더니 배탈이 났다고 하셨다. 나는 주사를 맞을까 봐 걱정이 되었다.

"선생님, 저 주사 맞아

야 돼요?"

"주사는 안 맞아도 된다. 대신 약을 먹어야 해."

의사 선생님은 약을 잘 먹어야 빨리 낫는다고 하셨다.

집에 와서 점심때가 되어 죽을 조금 먹었다. 어머니께서는 튜브에 물약을 따라 주셨다. 약이 너무 써서 얼굴이 저절로 찌푸려졌다.

어머니께서는 약을 먹었으니 푹 쉬라고 하셨다. 낮잠을 자고 3시쯤 일어나니 배가 아프지 않았다. 나는 밖에서 놀고 싶어졌다.

"어머니, 놀이터에 나가서 놀아도 돼요?"

어머니는 잠깐만 놀고 오라고 허락해 주셨다. 놀이터에서 우리 반 여진이를 만났다.

"네가 안 나와서 자리는 내일 바꾸기로 했어."

여진이 말에 나는 기분이 좋아졌다. 우리는 그네를 타면서 신나게 놀았다. 학교에 빨리 가고 싶다.

 「아픈 날」에서 다미가 겪은 일을 순서대로 정리해 보세요.

아침에 다미는 몸이 아팠음 ➡ 오전 10시에 엄마와 함께 병원에 가서 진찰을 받음

➡

➡

상황에 따라 다미의 마음이 어떻게 변했는지 정리해 보세요.

쉬고 싶은 마음

어떤 일이 일어났는지 생각하며 그림을 살펴보세요.

자신이 만든 이야기의 내용을 생각해 순서를 정해 보세요.

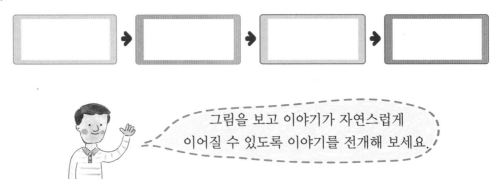

그림을 보고 이야기가 자연스럽게
이어질 수 있도록 이야기를 전개해 보세요.

 위에서 정한 순서에 따라 시간을 나타내는 말을 사용해 이야기를 만들어 보세요.
그때 남자아이의 마음도 상상해 보세요.

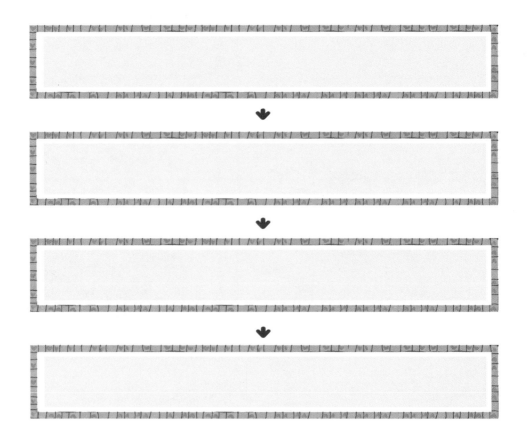

되돌아보기 글을 읽고 글쓴이의 상황과 마음을 짐작하는 방법으로 알맞은 것에
○표를 해 보기

 이렇게 배워요

8단원에서는 글쓴이가 처한 상황을 파악하기 위해 글쓴이에게 어떤 일이 일어났는지 살펴보고, 글쓴이의 마음을 짐작하기 위해 글에서 말과 행동을 찾는 것을 배웠어요.

글쓴이의 경험과 비슷한 경험을 떠올린다.
(   )

긴 글에서만 글쓴이의 생각을 찾아본다.
(   )

글의 처음 부분만 살펴본다.
(   )

글에서 말과 행동이 나타난 부분을 살펴본다.
(   )

글쓴이에게 직접 물어본다.
(   )

학습 목표　꾸며 주는 말을 사용해 생각이나 느낌을 자세하게 나타내어 보세요.

배울 거리　꾸며 주는 말을 쓰면 좋은 점 알기

🌸 이렇게 읽어요

'개나리꽃이 활짝 폈어요.' 라고 글을 쓸 때보다 '노란 개나리꽃이 활짝 폈어요.' 라고 글을 쓸 때 장면이 더 잘 떠올라요.

🌸 선생님과 함께 미리 보는 국어책

파란색으로 쓴 낱말에 주의하며 글 (가)와 글 (나)를 읽어 보세요.

> **가** 오늘은 비가 내렸다. 나는 장화를 신고 학교에 갔다. 우산을 돌리니 빗방울이 떨어졌다.

> **나** 오늘은 비가 주룩주룩 내렸다. 나는 노란 장화를 신고 학교에 갔다. 우산을 돌리니 굵은 빗방울이 후드득 떨어졌다.

 두 문장에서 다른 점을 말해 보세요.

오늘은 비가 내렸다.
오늘은 비가 주룩주룩 내렸다.

나는 장화를 신고 학교에 갔다.
나는 노란 장화를 신고 학교에 갔다.

 위의 글 (가)와 글 (나)를 비교하면 어떤 느낌이 드는지 말해 보세요.

> '노란'이니 '굵은'과 같이 뒤에 오는 말을 꾸며 주어 그 뜻을 자세하게 해 주는 말을 꾸며 주는 말이라고 해요. '주룩주룩'이나 '후드득'처럼 흉내 내는 말도 꾸며 주는 말이 될 수 있어요.

배울 거리 꾸며 주는 말을 사용해 짧은 글 쓰기

 이렇게 배워요

길가에 있는 나무를 보고 어떤 사람은 예쁘다고 표현하고 어떤 사람은 크다고 한다면 왜 그런 차이가 생길까요? 그것은 어떤 대상을 보고 생각이나 느낌이 달라서 꾸며 주는 말이 다르기 때문이에요.

 그림에 더 어울린다고 생각하는 꾸며 주는 말을 골라 ○표를 해 보세요.

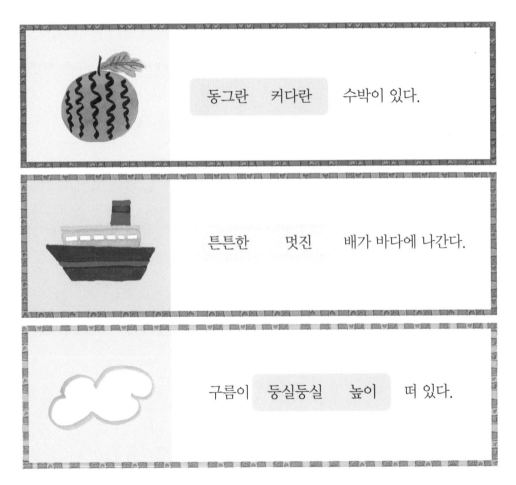

동그란　커다란　수박이 있다.

튼튼한　멋진　배가 바다에 나간다.

구름이　둥실둥실　높이　떠 있다.

보기 에 있는 꾸며 주는 말을 사용해 그림의 내용을 문장으로 말해 보세요.

보기

시원한	새	첨벙첨벙	넓은
푸른	즐겁게	알록달록한	신나게

 '넓은'이라는 말을 써서 수영장이나 하늘을 꾸밀 수 있어요.

이렇게 배워요

'맛있는' 이나 '주렁주렁', '엉금엉금' 등의 말을 꾸며 주는 말이라고 해요. '사과가 열렸습니다.' 라는 글에 꾸며 주는 말을 넣어 '맛있는 사과가 주렁주렁 열렸습니다.' 로 바꾸어 보았어요. 맛있는 사과가 눈에 그려지나요? 이렇게 꾸며 주는 말을 사용해 글을 적어 보세요.

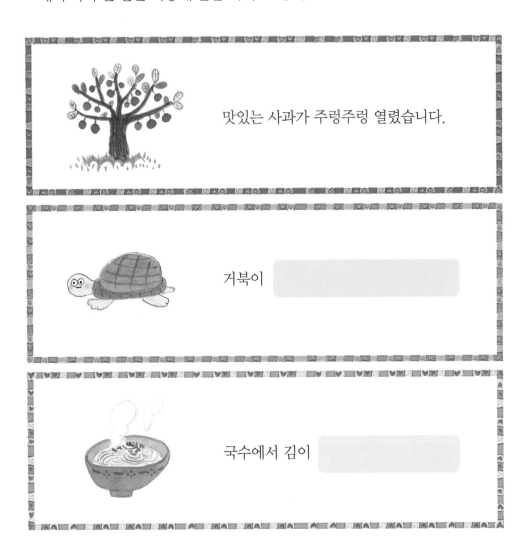

맛있는 사과가 주렁주렁 열렸습니다.

거북이

국수에서 김이

머리띠를 한 민수가

주먹을

보기 와 같이 주어진 낱말을 사용해 짧은 글을 써 보세요.

보기

시원한   시원한 물을 마셨더니 기분이 좋아졌다.

멀리

힘차게

아름다운

작은

배울 거리 주요 내용을 확인하며 글 읽기

 이렇게 배워요

아래 글은 숲 속에 사는 사슴벌레를 친구들에게 알려 주려고 쓴 글이랍니다.
글의 내용을 생각하며 소리 내어 읽어 보세요.

선생님과 함께 미리 보는 국어책

숲속의 멋쟁이 곤충

숲속 나무에 곤충 한 마리가 붙어 있어요. 가까이 다가가 볼까요? 뿔처럼
생긴 멋진 큰턱이 있는 것을 보니 수컷 사슴벌레예요. 수컷 사슴벌레에 대해
같이 알아보아요.

수컷 사슴벌레의 생김새에서 가장 먼저 눈에 띄는 것은 큰턱이에요. 수컷
사슴벌레는 큰턱을 가지고 있어요. 큰턱 옆에는 더듬이도 있어요.

그리고 수컷 사슴벌레의 등은 단단한 껍데기로 덮여 있어요. 단단한 껍데
기 속에는 얇은 속날개가 있지요.

수컷 사슴벌레는 나뭇진을 먹고 살아요. 배가 고픈 수컷 사슴벌레는 더듬
이를 세워서 나뭇진의 냄새를 맡아요. 그리고 속날개를 이용해 나뭇진이 흐
르는 나무로 날아가지요. 수컷 사슴벌레는 나뭇진을 핥아 먹어요. 특히 참나
무 진은 수컷 사슴벌레가 아주 좋아하는 먹이랍니다.

수컷 사슴벌레는 다른 수컷 사슴벌레와 자주 힘겨루기를 해요. 자신을 드

러내어 보이거나 먹이를 차지하기 위해서지요. 나무 위에서 마주 선 수컷 사슴벌레는 큰턱을 맞대고 상대를 밀어붙여요. 한 수컷 사슴벌레가 큰턱으로 상대를 꽉 잡고 번쩍 들어 올리면 힘겨루기가 끝이 나요.

이제 수컷 사슴벌레에게 관심이 생겼나요? 그렇다면 멋진 수컷 사슴벌레를 만나러 숲속으로 함께 떠나요.

「숲속의 멋쟁이 곤충」의 주요 내용을 정리해 보세요.

제목을 보고 어떤 내용이라고 생각했나요?

무엇을 설명하고 있나요?

생김새

생활

이 글을 읽고 새롭게 알게 된
점을 이야기해 보세요.

배울 거리 자연스럽게 글 읽는 방법 알아보기

 이렇게 읽어요

글을 읽을 때에는 뜻이 잘 드러나도록 띄어 읽어야 해요. 아래의 표시 중에서 ∨표는 조금 쉬어 읽는 것을 나타내는 쐐기표입니다. ∨∨표는 겹쐐기표로 ∨보다 조금 더 쉬어 읽어야 해요. 아래 글을 자연스럽게 읽어 보세요.

 창민이와 민경이 가운데서 누가 더 자연스럽게 글을 읽는지 살펴보세요.

창민

수컷∨사슴벌레는∨큰턱을∨가지고∨있어요.∨∨
수컷∨사슴벌레의∨등은∨단단한∨껍데기로∨덮여 있어요.∨∨

민경

수컷 사슴벌레는∨큰턱을 가지고 있어요. ∨∨
수컷 사슴벌레의 등은∨단단한 껍데기로 덮여 있어요. ∨

 뜻이 잘 드러나게 띄어 읽는 방법을 알아보세요.

 문장을 어느 부분에서 띄어 읽었나요?

수컷 사슴벌레는∨큰턱을 가지고 있어요.∨∨

한 문장을 앞부분과 뒷부분으로 나누어 읽어요. '누가(무엇이)' 다음에 조금 쉬어 읽어요.

긴 문장은 어느 부분에서 띄어 읽었나요?

수컷 사슴벌레의 몸은∨단단한 껍데기로∨덮여 있어요.∨
나무 위에서 마주 선∨수컷 사슴벌레는∨큰턱을 맞대고 상
대를 밀어붙어요.∨

 '누가(무엇이)'에 해당하는 말의 앞부분이나 뒷
부분이 길면 한 번 더 쉬어 읽어요.

 문장이 이어질 때는 어느 부분에서 띄어 읽었나요?

수컷 사슴벌레는∨큰턱을 가지고 있어요. 큰턱 옆에는∨더
듬이도 있어요.∨

문장과 문장 사이는 ∨보다 조금 더 길게 쉬
어 읽어요.

 의미 단위를 중심으로 띄어 읽으면
의미 전달이 더욱 효과적이며 자연스럽게
글을 읽을 수 있을 거예요.

꾸며 주는 말을 바꾸어 가며 문장 만들기 놀이를 해 보세요.

놀이방법

❶ 첫 번째 사람이 한 문장을 만들어 말한다.

❷ 그다음 사람이 꾸며 주는 말을 넣어 이어지는 문장을 만든다.

❸ 이야기가 끝나면 새로운 문장을 만들어 놀이를 계속한다.

 꾸며 주는 말을 넣어 문장 길게 만들기 놀이를 해 보세요.

놀이방법

❶ 첫 번째 사람이 한 문장을 만들어 말한다.

❷ 그다음 사람이 꾸며 주는 말을 바꾸어 다른 문장을 만든다.

❸ 더 이상 만들 수 있는 문장이 없으면 새로운 문장을 만들어
놀이를 계속한다

되돌아보기　　보기 와 같이 꾸며 주는 말을 넣어 문장을 만들어 보기

> **보기**
>
> 나비가 날아갑니다.
> ➡ 예쁜 나비가 훨훨 날아갑니다.

 공이 굴러갑니다.

➡

 나무가 자랍니다.

➡

 참새가 노래합니다.

➡

 이 단원에서 배운 내용을 생활 속에서 실천해 보세요.

일기를 쓸 때 꾸며 주는 말을 사용해
있었던 일을 자세하게 쓸 거예요.

친구들에게 내가 겪은 일을 자세하게
말할 때 꾸며 주는 말을 사용할 거예요.

학습 목표 듣는 사람의 기분을 생각하며 대화를 나누고, 일기를 써 보세요.

배울 거리 듣는 사람의 기분을 생각하며 말하면 좋은 점 알기

 이렇게 배워요

주변 사람들로부터 어떤 말을 들으면 기분이 좋아지나요? 칭찬과 격려의 말을 들으면 기분이 좋아지지요? 다른 사람의 기분을 생각하며 말을 하는 것에 대해 알아보아요. 듣는 사람의 기분을 생각하며 말하면 좋은 점에 대해서도 이야기해 보세요.

 선생님과 함께 미리 보는 국어책

 그림을 보고 (가)와 (나)의 얼굴에 어울리는 말을 찾아 이야기해 보세요.

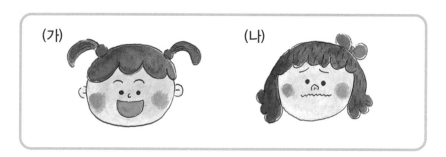

| 기쁘다 | 신난다 | 즐겁다 | 행복하다 |

| 슬프다 | 화가 난다 | 힘이 없다 | 짜증 난다 |

그림을 보고 물음에 답해 보세요.

 어떤 일이 일어났나요?

 남자아이와 여자아이의 기분은 어떨까요?

 자신이 남사아이라면 여자아이에게 어떤 말을 하면 좋을까요?

배울 거리   듣는 사람의 기분을 생각하며 대화하기

 그림 ❶~❸의 재희와 현수의 대화에서 현수의 말이 어떻게 다른지 생각하며 대화
가와 대화 나를 살펴보세요.

현수와 재희의 대화를 생각하며 물음에 답해 보세요.

🌸 줄넘기가 잘 안 되었을 때 재희의 기분은 어땠을까요?

🌸 그림 ㉮에서 현수와 대화를 하고 난 뒤에 재희의 기분은 어땠을까요?

🌸 그림 ㉯에서 현수와 대화를 하고 난 뒤에 재희의 기분은 어땠을까요?

듣는 사람의 기분을 생각하며
말해야 하는 까닭을 알아야 해요.

내가 재희라면 어떤 기분
이었을지 생각해 보세요.

배울 거리   경험을 떠올려 일기 쓰기

 이렇게 읽어요

아래 일기는 똑같은 경험을 한 두 친구가 서로를 이해하는 일기를 쓴 거랍니다. 읽으면서 서로의 마음이 어떠한지 생각해 보세요.

선생님과 함께 미리 보는 국어책

지석이의 일기

| 20○○년 6월 9일 금요일 | 날씨: 밝게 웃는 해님 |

민지야, 미안해

운동장에서 경기를 했다. 공을 차면서 고깔을 빨리 돌아오면 이기는 경기였다.

드디어 나와 내 짝 민지 차례가 되었다. 그런데 내가 몰고 가던 공이 민지가 찬 공과 부딪쳤다. 그 바람에 민지가 공에 걸려 넘어지고 말았다.

민지의 얼굴은 빨갛게 변해 있었고 옷에는 흙이 묻어 있었다.

"공을 몰고 가느라 너를 보지 못했어. 정말 미안해."

금방이라도 울음을 터뜨릴 것 같았던 민지는 씩 웃으며 말했다.

"지석아, 괜찮아. 실수로 그런 건데 뭘."

나는 민지의 말에 먼저 사과하기를 잘했다는 생각이 들었다. 앞으로도 오늘처럼 친구에게 용기를 내어 내 마음을 전해야겠다.

민지의 일기

20○○년 6월 9일 금요일	날씨: 햇볕이 쨍쨍

고마운 내 짝

오늘은 기다리던 공놀이를 하는 날이었다. 두근두근, 내 차례였다. 그런데 지석이가 찬 공이 내 쪽으로 굴러와 내가 공에 걸려 넘어지고 말았다.

"아야!"

나는 무릎이 너무 아팠고 부끄럽기도 했다.

"공을 몰고 가느라 너를 보지 못했어. 정말 미안해."

화를 내려던 나는 지석이의 말을 듣고는 잠깐 말을 멈추었다. 지석이가 진심으로 나에게 미안해하는 것이 느껴졌기 때문이었다. 지석이는 내 손을 잡고 나를 일으켜 주었다.

"지석아, 괜찮아. 실수로 그런 건데 뭘."

나는 흙을 털고 일어나 지석이의 손을 잡고 함께 결승선으로 들어왔다. 친구들의 박수 소리가 정말 크게 들려왔다.

 지석이와 민지의 일기를 읽고 물음에 답해 보세요.

경기를 하다가 민지가 넘어진 까닭은 무엇인가요?

민지가 넘어졌을 때 지석이는 어떻게 했나요?

지석이가 미안하다고 말하자 민지는 어떻게 했나요?

지석이와 민지가 듣는 사람의 기분을 생각하며 한 말과 그때의 기분을 찾아 선으로 이어 보세요.

"지석아, 괜찮아.
실수로 그런 건데 뭘."

"공을 몰고 가느라
너를 보지 못했어.
정말 미안해."

민지가 괜찮다고 해 주어
고마운 마음이 들었을 것이다.

미안해하는 마음이 느껴져서
마음이 조금 풀렸을 것이다.

떠올린 일 가운데서 하나를 골라 다른 사람의 기분이 어땠을지 생각해 보세요.

보기

언제	방과 후
누구와	형석이
있었던 일	서로 미끄럼틀을 먼저 타려고 싸웠다.
다른 사람의 기분	친구가 먼저 도착했는데, 내가 먼저 타고 싶어서 화를 내서 친구가 기분이 좋지 않았을 것 같다.

언제	
누구와	
있었던 일	
다른 사람의 기분	

떠올린 일을 일기로 써 보세요.

년 월 일 요일	날씨:

이렇게 배워요

하루 동안 살아가면서 많은 사람들을 만나게 됩니다. 듣는 사람의 기분을 생각하면서 대화하는 방법을 알아보세요.

 하루 동안 만나는 사람들에게 어떤 말을 하면 좋을지 써 보세요.

때	사람	하고 싶은 말
아침	부모님	
등굣길		
수업 전	친구들	
점심시간	영양 선생님	
하굣길		

 듣는 사람의 기분을 생각하며 대화할 때 생각할 점을 모두 골라 색칠해 보세요.

듣는 사람을 진심으로 위하는 마음	자신의 기분이 가장 중요하다는 생각
상대라면 어떤 마음이 들지 생각해 보기	듣는 사람의 표정 살펴보기

다른 사람의 기분을 생각하며 그림에 어울리는 말을 붙여 보세요.

🌸 지수가 다짐한 내용이 무엇인지 생각하며 다짐 쪽지를 살펴보세요.

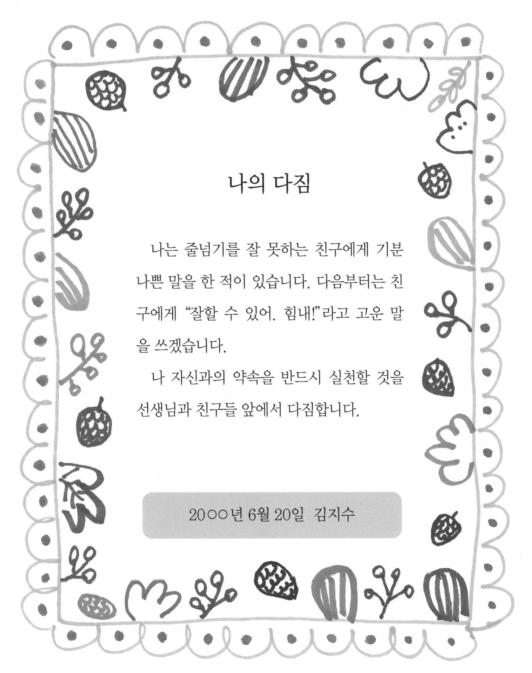

나의 다짐

나는 줄넘기를 잘 못하는 친구에게 기분 나쁜 말을 한 적이 있습니다. 다음부터는 친구에게 "잘할 수 있어. 힘내!"라고 고운 말을 쓰겠습니다.

나 자신과의 약속을 반드시 실천할 것을 선생님과 친구들 앞에서 다짐합니다.

20○○년 6월 20일 김지수

다짐 쪽지를 쓰는 순서를 알아보세요.

❶ 자신이 고운 말을 쓰지 않은 상황을 떠올려 본다.

❷ 자신이 써야 할 고운 말을 떠올린다.

❸ 다짐하는 날짜와 이름을 쓴다.

다짐 쪽지에 다짐할 상황과 그때
사용할 말을 여러 가지 써도 좋아요.

 자신이 무엇을 다짐할지 떠올려 보세요.

되돌아보기 듣는 사람의 기분을 생각하며 말하는 방법을 알맞게 말한 친구에게
○ 표를 해 보기

이렇게 배워요

10단원에서는 듣는 사람의 기분을 생각하며 대화하기, 듣는 사람의 마음을
생각하며 고운 말로 바꾸어 말하기, 다른 사람의 기분을 생각했던 경험을 떠
올려 일기 쓰기 등을 배웠어요.

학습 목표   인물의 마음을 상상하며 이야기를 읽어 보세요.

배울 거리   인물의 모습을 떠올리며 이야기 읽기

 이렇게 읽어요

이 글은 뜻밖에 좋은 일이 생겨 행복해진 농부가 등장합니다. 그리고 그 농부가 얻게 된 요술 항아리를 빼앗은 부자 영감과 원님도 등장합니다. 각각의 상황마다 인물들의 마음이 어떠할지 떠올리며 글을 읽어 보세요.

 선생님과 함께 재미있게 읽어 보는 이야기

요술 항아리

옛날, 어느 마을에 부지런한 농부가 살고 있었어요. 농부는 열심히 일을 하여 욕심쟁이 부자 영감의 밭을 샀어요. 그 밭은 돌멩이가 많아 농사를 지을 수 없는 밭이었어요. 그래서 농부는 새벽부터 밭을 갈고 돌멩이를 골라내었어요.

그러던 어느 날, 농부가 열심히 괭이질을 하고 있는데 갑자기 괭이 끝에 무엇인가 걸렸어요. 농부가 땅을 깊이 파자 커다란 항아리가 나왔어요. 항아리는 금 간 곳 하나 없이 말짱하였어요. 일을 마친 농부는 항아리 안에 괭이를 넣어 집으로 돌아왔어요.

이튿날 아침, 농부는 밭에 나가려고 항아리 안에 넣어 둔 괭이를 꺼내었어요. 그런데 항아리 안에는 괭이가 또 하나 들어 있었어요. 농부는 다시 괭이를 꺼내었는데도 여전히 항아리 안에는 괭이가 있었어요.

'이거 혹시 요술 항아리가 아닐까?'

이렇게 생각한 농부는 일부러 엽전 하나를 항아리 안에 넣었다가 꺼내 보았어요. 그랬더니 정말 항아리 안에 엽전이 그대로 남아 있는 것이었어요. 꺼내고 또 꺼내어 엽전은 어느새 마당에 그득 쌓였어요. 농부는 곧 부자가 되었어요.

이 소문은 온 마을에 퍼져 농부에게 밭을 판 욕심쟁이 부자 영감도 듣게 되었어요. 부자 영감은 어떻게 하면 그 요술 항아리를 빼앗을 수 있을까 온갖 궁리를 하다가 농부를 찾아갔어요.

"여보게, 자네 집에 있는 그 요술 항아리는 어디에서 얻었는가?"

"제 밭에서 파내었습니다."

"나는 자네에게 밭만 팔았지 항아리까지 팔지는 않았네. 그러니까 어서 그 항아리를 내놓게."

"안 됩니다. 항아리는 제 것입니다."

농부와 부자 영감의 다툼은 끝이 없었어요.

두 사람은 고을 원님에게 가서 판결을 받기로 하였어요. 그런데 두 사람의 말을 듣자, 원님도 그 항아리가 몹시 탐이 났어요.

"이 항아리 때문에 사이좋게 지내던 이웃이 서로 다투어서야 쓰겠느냐? 이 항아리는 관가에 보관할 것이다. 그러면 너희도 싸우지 않고 잘 지내지 않겠느냐?"

원님이 그럴듯하게 말하자, 농부와 부자 영감은 그대로 돌아갈 수밖에 없었어요. 원님은 요술 항아리를 자기 집 대청마루에 옮겨 놓았어요.

그날 저녁이었어요. 원님의 아버지가 대청마루로 나왔다가
요술 항아리를 보게 되었어요.

'웬 항아리인고? 무슨 맛있는 것이라도 들었나?'

원님의 아버지는 허리를 굽히고 안을 들여다보았어요. 그러다가 그만 항아리 안에 빠지고 말았어요.

집 안은 원님 아버지를 항아리에서 빼내려고 분주해졌어요. 그런데 어렵게 원님의 아버지를 빼냈더니 항아리 안에 똑같이 생긴 아버지가 한 명 더 있었어요.

원님은 그 아버지도 항아리에서 꺼냈어요. 두 아버지는 서로 자기가 진짜라며 싸우기 시작했어요.

"내가 진짜 아버지다."

"넌 누구냐? 내가 진짜 원님의 아버지다!"

둘이 서로 멱살을 잡고 싸우고 미는 통에 항아리가 데굴데굴 굴러 쨍그랑 깨지고 말았어요. 원님은 대청마루에 있는 아버지들을 보며 한숨을 쉴 수밖에 없었어요.

「요술 항아리」를 읽고 물음에 답해 보세요.

 농사꾼이 괭이를 항아리에 넣자 어떤 일이 벌어졌나요?

원님이 요술 항아리를 관가에서 보관하겠다고 한 까닭은 무엇인가요?

「요술 항아리」에 등장하는 인물들의 모습을 떠올려 보고 그림으로 그려 보세요.

농사꾼의 모습, 욕심쟁이 부자 영감의 모습,
원님의 모습, 원님의 아버지의 모습을 떠올려 보세요.

배울 거리　이야기를 읽고 인물의 마음 짐작하기

 이렇게 읽어요

이 글은 딸기를 좋아하는 욕심 많은 아저씨의 이야기입니다. 욕심 부리는 모습이 행복한지 주변에 베푸는 모습이 행복한지 이 글을 읽으면서 생각해 보세요.

선생님과 함께 재미있게 읽어 보는 이야기

욕심쟁이 딸기 아저씨

　아저씨는 딸기를 사 모으기 시작했습니다. 딸기를 워낙 좋아해서 딸기만 먹기로 한 것입니다. 아저씨는 딸기를 사고, 또 사고, 또 샀습니다. 어느새 딸기는 사다리에 올라가 높이높이 쌓아야 할 정도가 되었습니다.

　아저씨가 사는 동네 과일 가게에는 이제 딸기가 없습니다.

　동네 사람들은 딸기를 먹고 싶어도 먹을 수가 없게 되었습니다.

　"돼지 같으니라고!"

　"욕심쟁이!"

　"어쩌면 저렇게 자기 생각만 할까?"

　먹고, 먹고, 또 먹고…….

　하루하루 날이 갈수록 딸기는 처음처럼 맛있지 않았습니다. 어느 날 저녁이었습니다. 아저씨는 그날도 딸기만 먹다가 배탈이

났습니다. 그런데 마을 공터 쪽에서 왁자지껄한 웃음소리가 들려왔습니다. 무슨 일인지 궁금해서 창밖을 내다보니 아이들과 어른들이 옹기종기 모여 수박을 먹고 있었습니다.

아저씨는 갑자기 심통이 나서 창문을 쾅 닫았습니다.

그때, "띵똥!" 초인종이 울렸습니다.

동네 꼬마가 수박을 들고 찾아왔습니다.

"아저씨, 수박 드세요."

아저씨는 얼떨결에 수박을 받아 들었습니다.

"어? 아저씨 집에서 달콤한 딸기 냄새가 나요. 저도 딸기 좋아하는데……."

아이의 갑작스러운 말에 아저씨는 당황했습니다. 어떻게 해야 할지 몰라 머뭇거리는 아저씨를 보고 아이는 시무룩해졌습니다. 둘은 한참을 어색하게 서 있었습니다. 아이의 눈에 눈물이 그렁그렁했습니다. 그러더니 후다닥 뛰어가 버렸습니다. 아저씨는 멍하니 아이의 뒷모습을 바라보았습니다.

'딸기를 좀 나누어 줄걸 그랬나?'

'지금이라도 딸기를 가져다 줄까?'

'아니야, 내가 왜 그래야 돼?'

'그래도…….'

아저씨는 이 생각, 저 생각에 뒤척이다 새벽이 되어서야 잠이 들었습니다.

다음 날, 아침 일찍 눈을 뜬 아저씨는 혼자서 빙그레 웃었습니다. 아저씨는 부랴부랴 자리에서 일어나 남은 딸기를 깨끗이 씻고, 꼭지를 따서 양동이에 나누어 담았습니다. 큰솥도 준비했습니다. 그러고는 손수레에 싣고 밖으로 부지런히 날랐습니다.

큰솥을 가득 채운 딸기는 어느새 맛있는 딸기 잼이 되었습니다.

"와, 딸기 잼이다. 맛있겠다!"

하하하, 호호호…….

아저씨는 딸기 잼을 동네 사람들에게 나누어 주었습니다. 함께 만들고 나누는 것이 이렇게 즐거운 일이라니……. 아저씨 얼굴이 딸기처럼 빨개졌습니다.

아저씨 얼굴은 왜 빨개졌을까요?

김유경, 『욕심쟁이 딸기 아저씨』, 도서출판 노란돼지, 2012.

「욕심쟁이 딸기 아저씨」를 읽고 물음에 답해 보세요.

동네 사람들은 왜 딸기를 구할 수 없었나요?

아저씨는 왜 잠을 잘 수 없었나요?

아저씨의 얼굴이 빨개진 까닭은 무엇일까요?

「욕심쟁이 딸기 아저씨」의 한 장면을 읽고 인물의 마음을 짐작해 보세요.

그때, "띵똥!" 초인종이 울렸습니다.
동네 꼬마가 수박을 들고 찾아왔습니다.
"아저씨 수박 드세요."
아저씨는 얼떨결에 수박을 받아들었습니다.

꼬마가 아저씨를 찾아온 까닭은 무엇인가요?

아저씨의 행동으로 볼 때 아저씨의 마음은 어떠할까요?

다음 상황에서 인물의 마음이 어떠했을지 짐작해 보세요.

이야기의 상황	아저씨가 딸기를 독차지해 동네 사람들이 딸기를 먹지 못하게 됨.	아저씨가 딸기 잼을 만들 준비를 함.
인물의 말이나 행동	"돼지 같으니라고!" "욕심쟁이!" "어쩌면 저렇게 자기 생각만 할까?"	아저씨는 부랴부랴 자리에서 일어나 남은 딸기를 깨끗이 씻고, 꼭지를 따서 양동이에 나누어 담았습니다. 큰솥도 준비했습니다.
인물의 마음	아저씨가 딸기를 모두 가져가서 미워하는 마음.	

 이야기의 상황, 인물의 말이나 행동을 통해 인물의 마음을 짐작할 수 있어요.

실천 학습

 기억에 남는 이야기 속 인물을 떠올려 보고 그 특징을 정리해 보세요.

🌸 인물을 선택해 보세요.

나는 콩쥐의 착한 마음씨가 좋아서
콩쥐의 인물 카드를 만들 거야.

 자신이 선택한 인물의 특징을 정리해 보세요.

콩쥐
- 주변 사람들이나 동물들을 도와준다.
- 힘든 집안일을 꾹 참고 한다.

인물 카드를 만들어 보세요.

❶ 인물의 이름을 쓴다.

❷ 인물의 모습을 그린다.

❸ 인물의 특징을 쓴다.

흥부

형제관계 : 형 놀부

가족관계 : 아내와 아이들

주요 특징 : 마음씨가 착함

가난하지만 욕심이 없음

제비 다리를 고쳐 주고 부자가 됨

인물의 특징을 정리하다 보니
책의 내용을 다시 생각하게 되었어.

가장 기억에 남는 인물을
찾는 일이 어려웠어.

인물을 그리다 보니 그 인물이
한 일을 같이 경험한 것 같아.

되돌아보기 인물의 마음을 짐작하는 방법에 ○표 해 보세요.

 이렇게 배워요

11단원에서는 인물의 마음을 상상하며 이야기를 읽는 것을 배웠어요. 인물의 모습과 행동을 통해 인물의 마음을 짐작하며 글을 읽으면 인물의 마음에 공감할 수 있을 거예요.

이야기의
상황을
생각해 본다.
( )

이야기를
소리 내지
않고 읽는다.
( )

인물의 말이나
행동을
생각해 본다.
( )

 배운 내용을 생활 속에서 실천해 보세요.

인물의 마음을 짐작하며
책을 읽으니 이해가 잘 되네.

만화영화를 볼 때도 인물의
마음을 짐작하며 보니까 다음
이야기도 짐작할 수 있어.

예시 답안

1. 시를 즐겨요

15쪽

사자 / 아버지는 잠을 자고 있고 아이는 생쥐처럼 살금살금 아버지의 양말을 벗겨 드리고 있습니다. '으르릉드르렁 드르르르푸우–'라는 표현을 보면 아버지는 매우 피곤하신 것 같습니다. 아이가 아버지에게 '살금살금' 다가간 것을 보면 조심스러운 마음이 느껴집니다. 피곤해서 주무시는 아버지를 보는 아이는 안타깝고 아버지께 고마운 마음이 들었을 것입니다. / 아버지의 코 고는 소리가 사자 울음소리처럼 매우 크기 때문입니다. / 피곤한 아버지께서 잠에서 깨실까 봐 걱정스러운 마음으로 양말을 벗겨 드린 것입니다.

18쪽

답답한 마음이 들 것입니다. / 술래가 찾을까 봐 조마조마한 마음이 들 것입니다.

(○)

2. 자신 있게 말해요

25쪽

말할 내용을 미리 생각하고 말합니다.

알맞은 크기의 목소리로 또박또박 말합니다.

듣는 사람을 바라보며 바른 자세로 말합니다.

28쪽

아빠, 저는 놀이공원에 가고 싶어요. (○) / 저는 불을 끄는 소방관이 되고 싶습니다. (○)

29쪽

눈은 친구들을 바라봅니다. 허리는 꼿꼿이 펴고 바르게 섭니다. 손은 자연스럽게 움직입니다. 표정은 밝게 웃습니다. 목보다는 배에 가볍게 힘을 주고, 발은 자연스럽게 벌리거나 단정하게 모아서 섭니다.

33쪽

숲 가운데에 찻길이 생겼기 때문입니다. / 넓은 찻길 위를 날아서 건널 수 있기 때문입니다. / 어떻게 하면 안전하게 마을 밖으로 나갈 수 있을지 고민하고 있습니다.

자동차에 동물 감지 센서를 부착합니다. 나무를 심어서 고라니가 먹을 수 있는 먹이를 충분히 줍니다. 낮게 나는 종달새가 위험하지 않게 바람막이를 설치합니다. 고양이와 두꺼비가 천천히 건너도 안전한 육교를 만들어 줍니다.

3. 마음을 나누어요

39쪽

즐거워요, 행복해요, 신나요, 뿌듯해요, 고마워요

45쪽

호랑이 이야기에도 울음을 그치지 않던 아기가 울음을 그쳤기 때문입니다. / 소도둑을 곶감으로 알았기 때문입니다.

46쪽

화나요 / 궁금해요 / 슬퍼요 / 부러워요

47쪽

뿌듯해요 / 동생이 울어서 / 넘어져서 / 즐거워요

48쪽

학교에서 널 볼 수 없어서 슬퍼. 우리 자주 연락하자. / 걱정하지 마. 조심히 가지고 놀게. 아끼는 장난감인데 빌려줘서 고마워. / 꽃이 시들어 물을 주고 있는 중이야. 물을 주지 않아서 꽃에게 미안해. 다시 잘 자라면 정말 기쁠 거야.

4. 말놀이를 해요

5. 낱말을 바르고 정확하게 써요

64쪽 거름–걸음, 같이–가치, 맞히다–마치다, 느리다–늘이다, 이따가–있다가

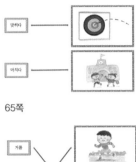

65쪽

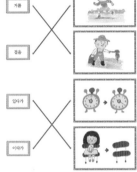

66쪽

마치고 / 이따가 / 걸음

67쪽

깊다 / 느리다

깁다 / 늘이다

늘이다 / 느리게

낫는 / 낳다

70쪽

이야기를 실감 나게 잘 읽었기 때문입니다. / '나'도 은서처럼 책을 실감 나게 잘 읽고 싶다고 생각했습니다.

맞습니다. / 받칩니다.

72쪽

첫인사 / 쓴 날짜 / 쓴 사람

73쪽

이번 여름 방학에 할머니께 놀러 가겠다고 말씀드리려고 편지를 썼다.

75쪽

수영이는 우체국에서 편지를 부쳤다. / 농부는 임금님께 커다란 무를 바쳤다. / 거북은 토끼보다 느리다.

6. 차례대로 말해요

80쪽

호랑이 배 속입니다. / 호랑이 배 속에서 켰던 등잔이 엎어지며 등잔의 뜨거운 기름이 쏟아졌기 때문입니다.

81쪽

아침, 저녁, 깜깜한 밤, 며칠 후

어스름한 저녁 / 깜깜한 밤

84쪽

점심에는 / 며칠 후

85쪽

86쪽

식물 살펴보기, 놀이터에서 놀기

오전 10시, 오전 11시, 점심시간, 오후 3시

89쪽

한밤중, 며칠 뒤, 오후 3시, 저녁, 아침

7. 친구들에게 알려요

90쪽

서은 / 서은이가 잃어버린 모자에 대해 자세히 설명했습니다.

92쪽

요즘 전화기와 옛날 전화기가 다르다는 것을 예측할 수 있습니다. / 요즘 사용하는 물건과 많이 다르기 때문입니다. / 요즘 텔레비전과 다른 점, 모양, 사용 방법을 알 수 있습니다.

93쪽

대상 / 까닭 / 궁금해하는 내용

96쪽

구름에, 구름을, 구름이, 구름은

구르믄 / 구르메

98쪽

집으로, 떨어진, 잎에, 강물에

국어, 어린이, 할아버지 등

99쪽

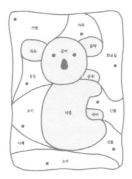

103쪽

기쁜 마음, 숙제한 공책에 주스를 쏟았을 때, 미안한 마음

104쪽

결승점이 얼마 남지 않았는데 신발이 벗겨졌습니다.

106쪽

잠시도 쉬지 않고 자전거를 계속 탔기 때문입니다. / 혼자 자전거 타기에 성공했기 때문입니다. 성취감을 느꼈기 때문입니다.

107쪽

소영이가 힘들어도 어머니의 도움을 받아 자전거 타기를 계속 연습함. / 자전거 타기에 성공함.

말과 행동-말 : "야호!" 행동 : 어머니와 손이 아플 정도로 손뼉을 마주침.

마음이 드러난 표현-하늘로 붕 떠오르는 기분이었다. / 자전거를 혼자 탈 수 있게 되어 참 뿌듯했다.

비슷한 내 경험-어려운 수학 문제를 풀지 못하다가 결국 한 시간 만에 풀었던 경험이 있다.

소영이의 마음-뿌듯한 마음, 기쁜 마음

109쪽

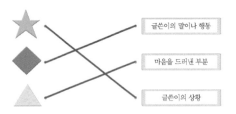

벌이 있어서 복도를 지나가지 못할 것 같아. (O)

111쪽

점심때가 되어 죽을 먹은 뒤에 쓴 물약을 먹었음 / 오후 3시쯤 몸이 나아져서 놀이터에서 친구와 놀았음

112쪽

긴장되는 마음, 걱정스러운 마음 / 쓴 약의 맛을 느끼고 싶지 않은 마음 / 즐거운 마음

114쪽

①→③→④→②

아침에 철민이는 도시락을 가지고 집을 나섰습니다. / 12시에 공원에서 여진이와 정수를 만나 함께 도시락을 먹었습니다. / 도시락을 먹고 연못에 갔더니 금붕어가 헤엄을 치고 있었습니다. / 오후 4시가 되어 집으로 돌아오는데 어떤 할아버지를 만났습니다.

115쪽

글쓴이의 경험과 비슷한 경험을 떠올린다. (○), 글에서 말과 행동이 나타난 부분을 살펴본다. (○)

9. 생각을 생생하게 나타내요

117쪽

주룩주룩, 노란과 같은 말이 있습니다.

비 내리는 느낌이 실감 납니다. / 장화를 더 자세하게 나타내어 주는 것 같습니다.

118쪽

그림을 보고 적당한 꾸며 주는 말을 넣어 보세요. 어떤 말을 넣어도 문장이 성립됩니다.

119쪽

사람들이 알록달록한 수영복을 입고 있습니다.

120쪽

느릿느릿 기어갑니다. / 모락모락 피어납니다.

121쪽

하얀, 꼭 쥐고 있습니다. / 귀여운 개구리가 폴짝폴짝 높이뛰기를 합니다. / 파도가 굳센 바위에 부딪혀 산산이 부서집니다. / 하얀 구름이 뭉게뭉게 피어오릅니다.

122쪽

학교에서 공을 멀리 찼다. / 두 팔로 힘차게 수영을 했다. / 아름다운 그림을 보니 기분이 좋아진다. / 밤하늘에 작은 별이 반짝인다.

125쪽

숲속의 곤충에 대한 글이라고 생각했다.

생김새-큰턱을 가지고 있다. / 생활-힘겨루기를 한다. / 먹이-나뭇진을 먹는다.

무거운 공이 데굴데굴 굴러갑니다. / 작은 나무가 조금씩 자랍니다. / 귀여운 참새가 짹짹 노래합니다.

10. 다른 사람을 생각해요

130쪽

(가) 기쁘다 신난다 즐겁다 행복하다

(나) 슬프다 화가 난다 힘이 없다 짜증 난다

131쪽

남자아이가 여자아이의 팔을 쳐서 여자아이의 그림을 망치게 되었습니다. / 남자아이는 매우 미안한 기분이 들 것 같습니다. 여자아이는 그림을 망쳐서 속상하거나 화가 날 것 같습니다. / 정말 미안해.

134쪽

줄넘기가 잘 안되어 속상했을 것입니다. 힘이 빠지고 실망했을 것입니다. / 자신의 기분을 알아주지 않아서 속상했을 것입니다. 놀고 싶지 않은데 계속 놀자고 해 기분이 더 나빠졌을 것입니다. / 자신의 기분이 어떤지 먼저 알아봐 주어 고마웠을 것입니다. 줄넘기가 잘 안되어 속상한 마음을 털어놓을 수 있어서 마음이 조금 풀렸을 것입니다.

137쪽

지석이가 몰고 가던 공이 민지가 찬 공과 부딪치는 바람에 공에 걸려 넘어졌습니다. / 넘어진 민지의 손을 잡고 일으켜 주었습니다. 민지에게 미안하다고 사과했습니다. / 괜찮다고 말하고 지석이와 함께 결승선으로 들어왔습니다.

142쪽

같이 들어 줄까? 내가 도와줄게. / 잘할 수 있어. 힘내! / 괜찮아.

145쪽

어울리는 표정으로 말하는 것이 좋아. (○)

듣는 사람의 상황을 먼저 생각해야 해. (○)

듣는 사람을 진심으로 위하는 마음이어야 해. (○)

151쪽

괭이가 두 개로 늘어났습니다. / 요술 항아리가 탐이 나서입니다.

157쪽

아저씨가 동네 딸기를 모조리 사 버렸기 때문입니다. / 꼬마에게 딸기를 나누어 주지 않아 미안한 마음이 들었기 때문입니다. / 다른 사람들을 위해 딸기 잼을 나누어 준 것이 쑥스러웠고 뿌듯했기 때문입니다.

아저씨와 수박을 나누어 먹고 싶었기 때문입니다. / 혼자만 딸기를 먹어서 미안한 마음이 들었을 것입니다.

161쪽

이야기의 상황을 생각해 본다. (○)

인물의 말이나 행동을 생각해 본다. (○)